Siebenbürgen

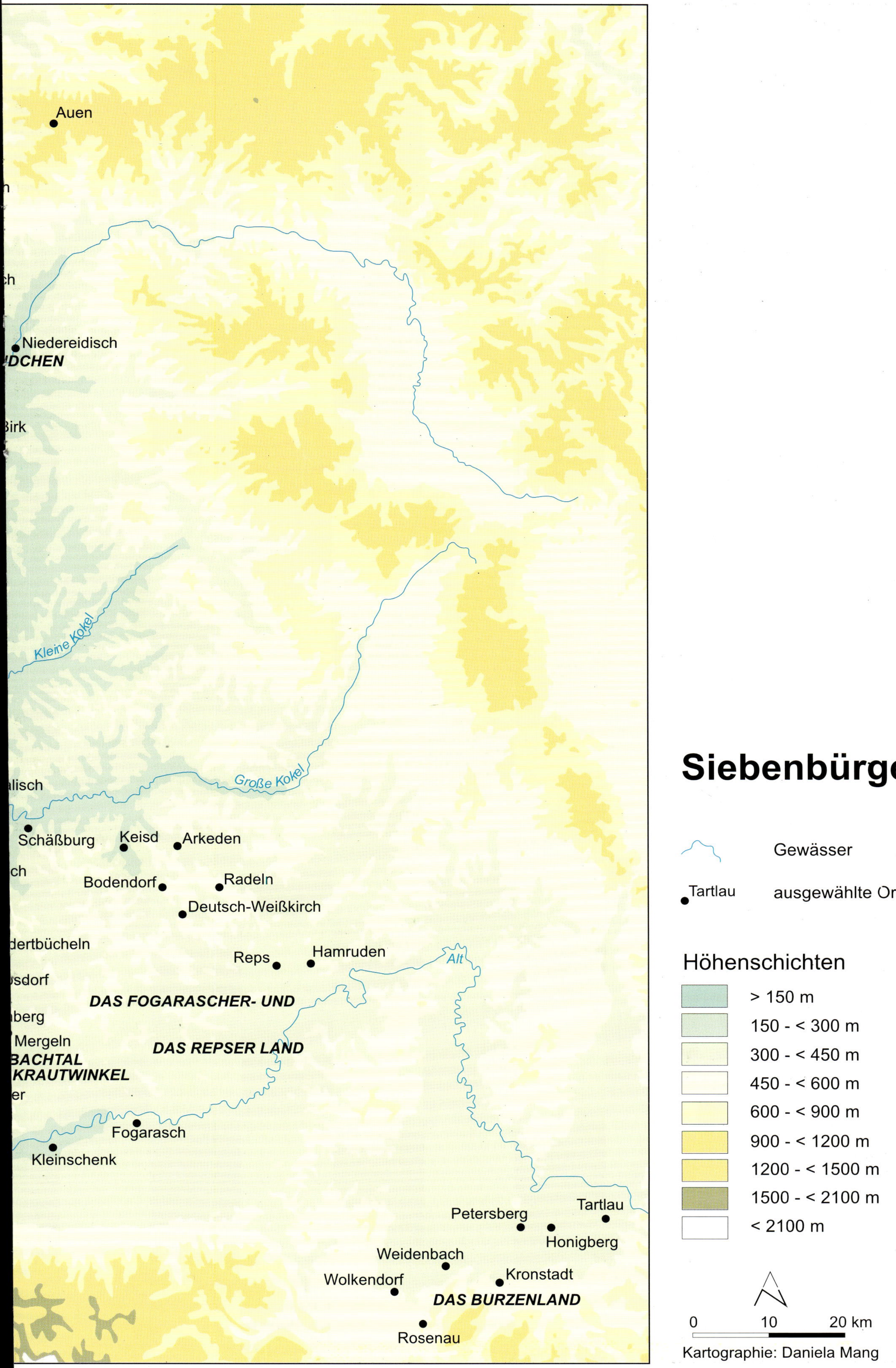

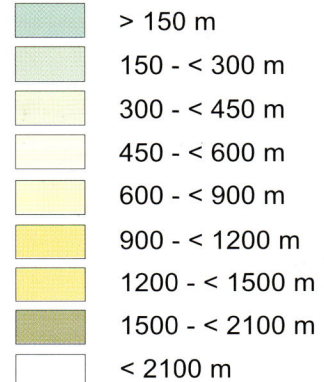

Gewässer

Tartlau ausgewählte Orte

Höhenschichten

> 150 m
150 - < 300 m
300 - < 450 m
450 - < 600 m
600 - < 900 m
900 - < 1200 m
1200 - < 1500 m
1500 - < 2100 m
< 2100 m

0   10   20 km

Kartographie: Daniela Mang

Siebenbürgen im Flug

Siebenbürgen oder Transsilvanien

Die Karpaten umschließen das „Land jenseits der Wälder" wie mit einem Gürtel. Deutsche Kolonisten besiedelten das fruchtbare Hochland bereits unter dem ungarischen König Geisa II. (1141–1162).
Die Siedler aus dem Rheinland und dem Moselgebiet, aus Franken, Bayern und anderen süddeutschen Landen ließen sich als freie Bauern auf dem sogenannten „Königsboden" nieder und bewahrten ihre Privilegien bis ins späte 18. und 19. Jahrhundert, auch unter österreichisch-ungarischer Herrschaft. Selbst als Siebenbürgen nach dem Ersten Weltkrieg ein Teil Rumäniens geworden war, hielten die Siebenbürger Deutschen („Siebenbürger Sachsen") unbeirrt an ihrer Wesensart fest; ihr Beharrungswillen wurde von der evangelisch-lutherischen Kirche und den konfessionellen (bis 1947), deutschen Schulen mitgetragen.

Die Siebenbürger Sachsen siedelten auf einem etwa 30.000 Quadratkilometer großen Gebiet mit eigenständiger Selbstverwaltung, Gerichtsbarkeit und Territorialautonomie, im Kerngebiet frei von Adelsherrschaft und Leibeigenschaft, ähnlich den freien Reichsstädten in Deutschland mit ihrer republikanisch-demokratischen Verfassung. Das in sich weitgehend geschlossene Siedlungsgebiet zählte ursprünglich 241 deutsche Ortschaften: in der Mehrzahl kleinere und größere Dörfer, wenige Marktflecken und sieben Städte.

Der Großteil der Deutschen Siebenbürgens, rund 250.000 im Jahre 1941, ist nach dem Zweiten Weltkrieg in mehreren Schüben in die Bundesrepublik Deutschland, nach Österreich und nach Übersee ausgewandert. Die in der geschichtlichen Konsequenz entscheidende Auswanderungswelle begann Mitte der siebziger Jahre und dauerte bis 1990 an.
Ende 1995 lebten noch rund 20.000 Deutsche in Siebenbürgen.

Die Siebenbürger Sachsen haben mit ihrem überraschend reichen Kulturgut ihr Siedlungsgebiet über Jahrhunderte geprägt. Sie begriffen sich selbst und ihre Leistung stets als Teil der gesamtdeutschen Kultur – und dieser wurden sie ja auch, als „Sachsen" und „Deutsche" eben, von ihren andersstämmigen Landsleuten (Rumänen, Ungarn, Juden, Roma) seit jeher zugeordnet.

1 | Kirchenburg Heltau

GEORG GERSTER Photographie
MARTIN RILL Text

Siebenbürgen im Flug

Das deutsche Siedlungsgebiet: seine Kirchenburgen, Dörfer, Städte und Landschaften

EDITION WORT UND WELT

© Copyright 1997 by Edition Wort und Welt Verlagsgesellschaft München m.b.H.

2. Auflage 1999
Alle Rechte der Verbreitung, auch durch Film, Funk, Fernsehen,
fotomechanische Wiedergabe, Ton- und Bildträger jeder Art oder Einspeicherung
in Datenverarbeitungsanlagen sind vorbehalten.

Lektorat: Günther Schick und Rolf Maurer

ISBN: 3-932413-008

Technische Gesamtleitung: Martin Wiedring
Grafische Gestaltung und Satz: Peter Kristen und Peters Design
Gesamtherstellung: PHOENIX OFFSET, Hong Kong

2 | Erntezeit im Alten Land

3 | Winter im Burzenland

Inhalt

Von Prejmer nach Tartlau	11
Bildverzeichnis	14
Das Weltkulturerbe in Siebenbürgen	17
Der Unterwald	29
Das Alte Land	41
Das Kaltbach- und das Weißbachtal	57
Das Harbachtal und der Krautwinkel	67
Das Kokelgebiet	77
Das Zwischenkokel- und das Zekeschgebiet	97
Das Fogarascher und das Repser Land	109
Das Burzenland	121
Das Reener Ländchen	135
Das Nösnerland	145
Siebenbürgen von A bis Z	167
Bildverzeichnis	252
Verzeichnis der siebenbürgisch-sächsischen Ortschaften	264
Nachweise	267

4 | Bauernhöfe in Rauthal

Von Prejmer nach Tartlau
Eine Bildungsreise

VON GEORG GERSTER

Zum Thema „Siebenbürger Sachsen" kam ich wie die Jungfrau zum Kind. Anfang 1991 wirkte ich im Auftrag eines australisch-amerikanischen Verlags an einem Flugporträt Europas mit. Der Plan für dieses Buch sah auch eine Bildfolge zu Rumänien vor. Bei Flügen über Transsilvanien, in der Umgebung der Stadt, die auf meiner Karte Brașov hieß, stolperte ich, wenn man denn mit einem Hubschrauber stolpern kann, über eine Burganlage mit Kirche, wie ich bis dahin weltweit keine andere gesehen hatte.
Sie erschien mir als ein Architektur gewordener Widerspruch von Verweigerung und Einladung, von abweisendem Trotz und einnehmender Innigkeit. Der rumänische Pilot benannte Bauwerk und Ort PREJMER.

Prejmer ließ mir keine Ruhe. Im Sommer des selben Jahres mietete ich den Hubschrauber nochmals für vierzehn Tage, nun freilich ohne Auftrag, es sei denn im eigenen, und daher auch auf eigene Kosten. Wiederum überflog ich, sozusagen spazierenderweise, kreuz und quer das transsilvanische Hügelland.

Über den Bergen bei den sieben Zwergen… Zwar nicht ganz so, aber verzaubert, ja märchenhaft erschien mir die Geschichtslandschaft Siebenbürgen im Karpatenbogen schon, ungeachtet der ökonomischen Widrigkeiten, mit denen ihre Einwohner heute kämpfen. Dieser von deutschen Siedlern geprägte Landesteil Rumäniens wartete mit Überraschungen auf – keine nachhaltiger als die Kirchenburgen und Wehrkirchen der Siebenbürger Sachsen:

evangelische Dorfkirchen von hohem architektonischen Reiz und Rang. Einem vergleichbaren Ensemble von Baudenkmälern war ich vordem nur auf der schwedischen Insel Gotland im Baltikum begegnet.
Auf Gotland sind in hundert Pfarrkirchen Frömmigkeit und Prosperität reine Bauform geworden. In den Kirchenburgen und Wehrkirchen Siebenbürgens haben Selbstbewußtsein und Selbstbehauptungswille vorwiegend dörflicher Gemeinschaften beispielhaften baulichen Ausdruck gefunden. Hermann und Alida Fabini würdigten sie in ihrem Buch „Kirchenburgen in Siebenbürgen" (Wien 1986) gar als „Abbild und Selbstdarstellung" dieser Dorfgemeinschaften.

Die fliegerische Erkundung bedurfte dringend auch bodenständiger Erkundigungen. Ich kümmerte mich also um die Grundinformationen und Eckdaten, die zusammen in etwa das Kompendium „Siebenbürgen für Anfänger" ausmachen:

Die ungarischen Könige riefen im 12. Jahrhundert deutschsprachige Siedler in den Karpatenbogen. Als „Sachsen" gingen die Kolonisten in die Quellen und in die Geschichte ein, dabei kam die Mehrheit eigentlich aus dem Niederrheinischen und sprach einen moselfränkischen Dialekt. Den Herrschern lag an der Sicherung der Ostgrenze und der Urbarmachung des Königlandes (nicht zuletzt auch zur Erweiterung des Steuersubstrats), den Kolonisten winkten Freiheit von Leibeigenschaft und eigener Boden.

Die von der Krone gewährten Grund- und Vorrechte wirkten zusammen mit dem sprichwörtlichen Fleiß der Sachsen wahre Wunder. Auf vormals vielfach wüstenhaftem oder sumpfigem Land entstanden Hunderte von hablichen, genossenschaftlich organisierten Dörfern, die sich weitgehend selbst verwalteten. An verkehrsgünstigen Orten blühte neben der Landwirtschaft und dem Handwerk bald einmal auch der Handel, dort wuchsen Städte heran.

In diesem unruhigen Grenzland waren die Neusiedler von Anfang an auf Sicherheit bedacht. Der architektonische Befund macht allerdings deutlich, daß das Konzept der Wehrkirche sich erst allmählich entwickelte. Die Kirche stand zunächst in einer Art Fluchtburg, manchmal neben einem Bergfried – sie war also eher eine Burgkirche. Zu eigentlichen Kirchenburgen wandelten sich die Gotteshäuser der Sachsen erst im 15. und 16. Jahrhundert, unter dem Druck der Türkeneinfälle – zumindest jene, die nahe oder auf den Anmarschwegen der Eindringlinge aus dem Osten lagen. Nun wurden die Ringmauern erhöht und verstärkt sowie verdoppelt oder gar verdreifacht, häufig kam noch ein Wassergraben hinzu. Wenn die Kirchen nicht überhaupt abgerissen und wehrfähig wieder gebaut wurden – gotische Hallenkirchen ersetzten dabei romanische Basiliken –, brachte die Umwandlung in Wehrkirchen massive bauliche Eingriffe mit sich. Wuchtige Türme – Sinnbild und Herzstück der Verteidigungsanlage – wurden ihnen aufgepfropft. Kirchenräume wurden erhöht, um Raum zu schaffen für Wehrgänge. Schiessscharten und Pechnasen gehörten fortan zur Grundausstattung der Ringmauern und der Kirche. An den Bauten wirkten zweifellos Fachleute mit; einige mögen Erfahrungen im Wehrbau aus Nord- und Westeuropa eingebracht haben. Im wesentlichen waren die Kirchenburgen jedoch lokales Werk – das Erzeugnis einer bewundernswerten dörflichen Gemeinschaftsanstrengung. Die Obrigkeit förderte sie nach Kräften, die weltliche mit Steuerermäßigungen, die kirchliche gelegentlich mit dem Verkauf eines Ablasses – bevor sich die Siebenbürger Sachsen 1550 dem Augsburger Bekenntnis anschlossen. Wer immer über Siebenbürgen herrschte, setzte die nachgerade dreihundert Kirchenburgen in sein (wenn nicht strategisches, so doch taktisches) Kalkül ein, ein Teil der wehrfähigen Männer in den sächsischen Dörfern war deshalb vom Heeresdienst befreit. Sogar die einstigen Quälgeister, die Türken, unter deren Protektorat das Fürstentum Siebenbürgen im 16. Jahrhundert geriet, zeigten sich jetzt an der Erhaltung dieser Widerstandsnester interessiert. Die Fortentwicklung der Militärtechnik ging natürlich an den Kirchenburgen nicht spurlos vorbei. Auf den zunehmenden Gebrauch von Feuerwaffen reagierten die Siebenbürger Sachsen mit Nachrüstung: mit zusätzlichen Wehrtürmen und Basteien zur flankierenden Bekämpfung der Angreifer.

In Notzeiten zogen sich die Dorfbewohner hinter die innerste und höchste Ringmauer zurück. Wenigstens für die Alten und Schwachen standen auch in kleinen Kirchenburgen Kammern zur Verfügung; in großen Anlagen wohnte sogar die ganze Bevölkerung in geschlossenen Räumen. Die Tiere bezogen Zwinger zwischen den Ringmauern. Die Vorräte reichten aus für monatelange Belagerungen. In den Kirchenburgen wurde gemahlen und gebacken. Sodbrunnen sicherten die Wasserversorgung. Bei Kirchenburgen in Tallagen verursachte der Brunnenbau wenig Probleme, wohl aber bei Kirchen auf Hügeln, mit Brunnenschächten von gegen hundert Metern Tiefe.

Konrad Schullerus, Pfarrer von Großau, zeigte mir „seine" Kirchenburg – vom Speckturm bis zur Pestkanzel. Im Speckturm bewahrten die Familien des Dorfes ihre Speckseiten auf; der Speck, zusammen mit Brot das Grundnahrungsmittel, verblieb dort selbst in Friedenszeiten. Auch die Nischen der Kirchenburg, die für die Habseligkeiten der Belagerten bestimmt waren, wurden in Friedenszeiten genutzt. Die Bewohner hoben dort in Truhen ihren Schmuck und ihre Sonntagskleider auf, und das nicht nur in Großau. In Dörfern aus Holzhäusern mit Strohdach war die Burg ein feuersicherer Hort. Die Pestkanzel hingegen ist eine Spezialität Großaus: durch einen schmalen Schlitz, der nur seine Stimme durchließ, predigte der Pfarrer in Pestzeiten aus dem Kircheninnern zu der Bevölkerung im Hof der Kirchenburg.

Der professionellen Belagerung durch ein Heer hielten die Kirchenburgen Siebenbürgens nicht stand, jedenfalls nicht für lange, aber sie halfen den Belagerten zumindest, Zeit zu gewinnen; häufig gelang es diesen, sich freizukaufen. Indes erwiesen sich die Kirchenkastelle als widerstandsfähige Bollwerke gegen marodierende Soldaten, gegen Plünderer und Abenteurer – und derer gab es ja an diesem Kreuzweg der Geschichte, in den Wirren und Zwisten vom 15. bis zum 17. Jahrhundert, mehr als genug. Die Angriffe von ganzen Heeren richteten sich vorab gegen die wohlhabenden Städte, wo es mehr zu holen gab als nur Speckseiten und Paramenten; die Kirchenburgen entlang den Anmarschrouten – so etwa Großau auf dem Weg nach Hermannstadt – wurden dementsprechend oft von der Vorhut und dann wieder von der Nachhut gebeutelt. In den Städten glaubte man offenbar zeitweilig eigennützig, die eingeigelten Dörfer draussen im Land verzettelten bloß die gemeinsame Abwehrkraft. Immerhin beschloß im Jahr 1545 der siebenbürgische Landtag, die Kirchenburgen zu schleifen und mit deren Baumaterial die Befestigung der sächsischen Städte zu vervollständigen. Der Beschluß wurde nie ausgeführt.

Erst Anfang des 18. Jahrhunderts, als Siebenbürgen Kronprovinz des Hauses Habsburg geworden war, kehrte im Karpatenbogen Ruhe ein. Jetzt büßten einige Burgen ihre Beringe ein: aus dem Bauschutt entstanden Schulen und Gemeindehäuser. Der Verlust ihrer Verteidigungsaufgabe gefährdete aber zunächst das Überleben der meisten Kirchenburgen nicht, auch weiterhin blieben sie der Mittelpunkt der Dorfgemeinschaften – durchaus nicht nur als Magazine für Speck und Festtagsgewänder. Eine ernsthafte Gefährdung für sie ergab sich erst mit dem Schwund der sächsischen Bevölkerung im Zweiten Weltkrieg und seither, sowie mit der systematischen Schwächung der Dorfgemeinschaften durch die Enteignungen, Zwangskollektivierungen und die rabiate, den Handwerkerstand dezimierende Industrialisierung unter Ceaușescu.

Jahrhundertelang hatte sich die Selbstverwaltung der Siebenbürger Sachsen gerade auch im Zusammenleben mit den Nachbarn bewährt; im Neben- und Durcheinander mit Rumänen, Ungarn, Roma, Juden, Armeniern und Griechen hatten sie sich weder als Minderheit geriert noch gefühlt – das Vorbild einer multikulturellen Gesellschaft. Die Geschichte Siebenbürgens zeichnet sich denn auch gerade durch die Vielzahl gewaltfreier Konfliktlösungen aus.

Erst der Nationalismus des 19. Jahrhunderts hatte den Sachsen den Stempel der Minorität und ihrem Wohngebiet den einer deutschen Sprachinsel aufgedrückt. Was Wunder, wenn sich zur Zeit des Nationalsozialismus die Siebenbürger Sachsen, taumelig vom Überlegenheitsgefühl der rührigen Minderheit, für den Volkstumswahn des Dritten Reichs als überaus anfällig erwiesen hatten.
Dafür bezahlten sie mit brutalen sowjetischen Verschleppungen zur „Aufbauarbeit" in Rußland und in der Ukraine, die unterschiedslos auch Gegner Hitlerdeutschlands trafen. Über Zurückgebliebene und Heimkehrer aus der Sowjetunion brach anschließend die Um- und Aussiedelungspolititk des rumänischen Diktators herein. Selbst das Ende der kommunistischen Gewaltherrschaft stoppte den Bevölkerungsschwund nicht; ja, statt ihn wenigstens zu bremsen, beschleunigte es ihn noch. Der Frust der zurückliegenden Jahre und die Aussicht auf das gute Leben in der Bundesrepublik Deutschland resultierten in einem unwiderstehlichen Sog.

Ein über das andere Mal kam Pfarrer Schullerus während unseres Gesprächs das Wort „Tragödie" über die Lippen. Als er vor sieben Jahren sein Amt in Großau angetreten hatte, zählte die Kirchengemeinde mehr als dreitausend Mitglieder. Jetzt waren es kaum noch dreihundert. Die Rückkehrer hatten sich im Vorjahr, 1990, die Klinke des Pfarrhauses in die Hand gegeben; traurig hatte er im Laufe des Jahres nicht weniger als zwölfhundert Großauer verabschiedet. Eine unglückliche Bemerkung des Kanzlerkandidaten Oskar Lafontaine und eine anstehende Änderung des Aussiedlergesetzes in der Bundesrepublik hatten unter den Siebenbürger Sachsen Panik verbreitet. Voller Furcht, daß ihnen Deutschland die Tür zuschlagen könnte, kehrten in diesem einen Jahr siebzigtausend Sachsen zurück – der größte Exodus in Siebenbürgens Geschichte. Der Aderlaß verhieß nicht zuletzt für die Pflege und Erhaltung des sächsischen Denkmalbestands wenig Gutes.

Bei den Recherchen zu einem Bildbericht über die Kirchenburgen kam ich in Kontakt mit dem Dokumentationszentrum des Siebenbürgisch-Sächsischen Kulturrats im baden-württembergischen Gundelsheim. Den Bericht in der Wochenend-Beilage der „Neuen Zürcher Zeitung" (16./17. Januar 1993) quittierte der Kulturrat mit der ehrenvollen Einladung, für eine (bereits begonnene) flächendeckende Erfassung des siebenbürgisch-sächsischen Kulturguts die Schrägluftbilder zu machen. Selbstverständlich, daß ich zusagte, und mit Begeisterung: diese von der Bundesrepublik geförderte Inventur einer ganzen Region ist eine Pioniertat; für eine so ehrgeizige Bestandsaufnahme – Kartierung aller Ortsbilder mit Heraushebung der wichtigen Bausubstanz – gibt es europaweit kein zweites Beispiel. Die Anstrengung, die sämtliche Dörfer bis hinunter zum einzelnen Haus und Hof einbezieht, ist wahrhaft monumental – und monumental wird auch die Veröffentlichung der Ergebnisse ausfallen. Sechsundzwanzig Bände wird die „Denkmaltopographie Siebenbürgen" umfassen; deren letzter wird ohne Zweifel erst weit im dritten Jahrtausend gedruckt. Dem Kulturrat sei Dank: nicht zuletzt dafür, daß er ein Einsehen mit meiner Ungeduld hatte und die Veröffentlichung einer Auswahl der Flugbilder noch im zweiten Jahrtausend – durch das vorliegende Buch – gestattete.

Zusammen mit Martin Rill erflog ich im September 1994 und im März 1995 alle zweihundertundeinundvierzig Dörfer der Siebenbürger Sachsen. Meine Bildungsreise endete genau dort, wo sie vier Jahre zuvor begonnen hatte: in dem Zufall verbarg sich vermutlich das Fällige. Am letzten Tag und in der letzten Flugstunde schwebten wir über der Stadt, die auf der politischen Karte Rumäniens als Braşov erscheint, und über jener einzigartigen Kirchenburg, die meine Neugierde geweckt und meine Suche beflügelt hatte.
Stadt und Kirchenburg der ersten Stunde sah ich jetzt freilich anders, fast schon mit siebenbürgisch-sächsischen Augen.
Die Stadt hatte ihren alten deutschen Namen, Kronstadt, zurückgewonnen, und Prejmer hieß nun TARTLAU.

Übrigens: Tartlau/Prejmer hatte in vier Jahren Karriere gemacht. Die Organisation für Erziehung, Wissenschaft und Kultur der Vereinten Nationen wird es, nebst weiteren Kirchenburgen, in ihr Verzeichnis des Weltkulturerbes aufnehmen.

Bildverzeichnis

1 | Kirchenburg Heltau
2 | Erntezeit im Alten Land
3 | Winter im Burzenland
4 | Bauernhöfe in Rauthal

Das Weltkulturerbe in Siebenbürgen

5 | Dorf und Kirchenburg Wurmloch
6 | Kirchenburg Wurmloch
7 | Wehrkirche Keisd
8 | Kirchenburg Deutsch-Weißkirch
9 | Ortskern und Kirchenburg Birthälm
10 | Kirchenburg Birthälm
11 | Dorf und Kirchenburg Tartlau
12 | Kirchenburg Tartlau
13 | Gräfenburg Kelling

Der Unterwald

14 | Kirchenburg Reußmarkt
15 | Dorf und Kirche Großpold
16 | Bergkirche und Friedhof Urwegen
17 | Gräfenburg Urwegen
18 | Stadtpfarrkirche Mühlbach
19 | Burg und Friedhof Petersdorf
20 | Ortskern Broos

Das Alte Land

21 | Stadtpfarrkirche Hermannstadt
22 | Hermannstadt: die Oberstadt
23 | Kirchenburg Heltau
24 | Ort und Kirchenburg Großau
25 | Sommerpalais Brukenthal in Freck
26 | Zisterzienserkirche Kerz
27 | Burg Michelsberg
28 | Dorfflur im Alten Land
29 | Burg und Ort Stolzenburg
30 | Kirche und Friedhof Thalheim
31 | Kirchenburg Holzmengen

Das Kaltbach- und das Weißbachtal

32 | Ort und Kirche Mortesdorf
33 | Hofanlagen in Martinsdorf
34 | Kirchenburg Magarei
35 | Wehrkirche Almen
36 | Kirchenburg Schaal
37 | Umgenutzte Terrassen vormaligen Rebbaus

Das Harbachtal und der Krautwinkel

38 | „Büchel" bei Hundertbücheln
39 | Kirchenburg Braller
40 | Kirchenburg Agnetheln
41 | Kirchenburg Jakobsdorf
42 | Dorf und Kirchenburg Schönberg
43 | Kirchenburg Mergeln

Das Kokelgebiet

44 | Stadt Schäßburg
45 | Stadtkern Mediasch
46 | Kirchenburg Frauendorf
47 | Kirchenburg Arbegen
48 | Dorf und Kirchenburg Pretai
49 | Schloß Kreisch
50 | Wehrkirche Meschen
51 | Kirchenburg Scharosch
52 | Ort und Kirche Neudorf
53 | Ort und Kirche Michelsdorf
54 | Kirchenburg Abtsdorf
55 | Kirchenburg Kirtsch

Das Zwischenkokel- und das Zekeschgebiet

56 | Kirchenburg Bogeschdorf
57 | Im Anflug an die Kokeln
58 | Ortskern Bonnesdorf
59 | Ortsmitte Großalisch
60 | Kirchenburg Scholten
61 | Kirchenburg Rode
62 | Höfe in Kleinlasseln

Das Fogarascher und das Repser Land

63 | Burg Fogarasch
64 | Burg Reps
65 | Dorf und Kirchenburg Deutsch-Weißkirch
66 | Kirchenburg Hamruden
67 | Kirchenburg Radeln
68 | Kirchenburg Kleinschenk
69 | Kirchenburg Arkeden
70 | Wehrkirche Bodendorf

Das Burzenland

71 | Dorf und Kirchenburg Petersberg
72 | Winter in den Perschaner Bergen
73 | 74 | Stadtkern Kronstadt
75 | Kirchenburg Weidenbach
76 | Burg Rosenau
77 | 78 | Kirchenburg Honigberg
79 | Kirchenburg Wolkendorf

Das Reener Ländchen

80 | Dorf und Kirche Deutsch-Zepling
81 | Stadt Sächsisch-Reen
82 | Pfarrkirche Sächsisch-Reen
83 | Kirchenburg Botsch
84 | Dorfkirche Birk
85 | Dorfkirche Niedereidisch

Das Nösnerland

86 | Winter in Auen
87 | Stadtkern Bistritz
88 | Stadtpfarrkirche Bistritz
89 | Kallesdorf: Schloß Bethlen
90 | Kirchenburg Lechnitz
91 | Dorf und Kirche Pintak
92 | In einer Obstplantage bei Bistritz
93 | Gutshof Paßbusch
94 | Abendliche Schafmelke
95 | Dorfkirche Mettersdorf
96 | Rundkirche Minarken
97 | Dorfkirche Jaad
98 | Dorfkirche Tekendorf
99 | Basilika Mönchsdorf

Das Weltkulturerbe in Siebenbürgen

Die deutschen Siedler begannen einige Jahre nach ihrer Ankunft in Siebenbürgen in der jeweiligen Ortsmitte Steinkirchen zu errichten. Diese erhielten im 13. Jahrhundert Ringmauern – vermutlich nach dem Vorbild der Ritterburg, das die Kolonisten mitgebracht hatten. Freilich, gegen die aus dem Südosten einfallenden Türkenheere reichte dieser Schutz nicht. Die Dorfgemeinschaft sah sich zu einem systematischen Ausbau der Wehranlage gezwungen, die im Notfall auch Zuflucht und Schutz für die gesamte Bevölkerung mit allen ihren Habseligkeiten und für die Vorräte bieten mußte. Die siebenbürgisch-sächsischen Kirchenburgen sind die Frucht dieses gemeinschaftlichen Verteidigungswillens.

1993 nahm die UNESCO eine erste siebenbürgisch-sächsische Kirchenburg und den dazugehörigen Ortskern unter das Weltkulturerbe auf: Birthälm. Es wäre aber von hoher Dringlichkeit, weiteren Wehrkirchen und Kirchenburgen aus der Fülle dieses einzigartigen Ensembles dieselbe internationale Anerkennung und denselben internationalen Schutz angedeihen zu lassen. Von den heute noch rund 150 erhaltenen Kirchenburgen sind bei der UNESCO-Kommission, die über die Aufnahme in das Verzeichnis des Weltkulturerbes entscheidet, zurzeit weitere Kandidaturen anhängig: Deutsch-Weißkirch, Keisd, Kelling, Tartlau und Wurmloch.

5 | Dorf und Kirchenburg Wurmloch

6 | Kirchenburg Wurmloch

7 | Wehrkirche Keisd

8 | Kirchenburg Deutsch-Weißkirch

9 | Ortskern und Kirchenburg Birthälm

10 | Kirchenburg Birthälm

11 | Dorf und Kirchenburg Tartlau

Kirchenburg Tartlau

13 | Gräfenburg Kelling

Das Weltkulturerbe in Siebenbürgen

5 | Dorf und Kirchenburg Wurmloch

Die deutschen Kolonistensiedlungen entstanden als geschlossene Dorfanlagen, meist als Zeilen- und Straßendörfer, Anger- oder Platzdörfer, die sich dem Gelände anpaßten. Das Dorf Wurmloch liegt in einem südlichen Seitental der Großen Kokel, am Zusammenfluß des Mortesdorfer Baches mit einem kleineren Rinnsal. Hänge, die in bewaldete Hochflächen übergehen, fassen das enge Tal ein. Das Straßendorf besteht aus der Sommer-, der Winter- und der Kotgasse, die am Zusammenfluß der erwähnten Wasserläufe in einen Platz münden. In dessen Mitte erhebt sich die Kirchenburg. Das Rathaus befindet sich auf der Westseite des Platzes, das Pfarrhaus und die Schule stehen auf der Nordseite, der Gemeindesaal auf der Ostseite.

6 | Kirchenburg Wurmloch

Die Peterskirche aus dem späten 13. Jahrhundert wurde im 15. und 16. Jahrhundert zu einer spätgotischen Saalkirche umgebaut und befestigt. Bei dieser Gelegenheit sind die Seitenschiffe abgetragen worden, das Hauptportal unter dem Glockenturm wurde zugemauert, über dem Chor und dem Langhaus entstanden von Bogen und Strebepfeilern getragene Wehrgeschosse, versehen mit Schießscharten, Gußlöchern und einem Wehrgang. Die Seitenportale erhielten mit Schießscharten und Fallgattern aufgestockte Vorbauten. Dazu kamen im Inneren der ovalen Ringmauer mit hölzernem Wehrgang Fruchtkammern und, aus der Mauerflucht hervorstehend, vier niedrige Wehrtürme. Die Burgeinfahrt befindet sich unter dem Westturm.

7 | Wehrkirche Keisd

Die Kirchenburg Keisd gehört zu den wenigen Kirchenburgen, die in einem Zuge als solche errichtet wurden. Nach Abtragung des Vorgängerbaus entstand zwischen den Jahren 1493 und 1525 eine spätgotische, turmlose Saalkirche. Der Kirchenbau wird ganzflächig von einem Wehrgeschoß mit vierzig Schlüsselschießscharten gekrönt; am Chor wird dieses von Flachbogen zwischen den Strebepfeilern getragen. Zwischen den Bogen und der Kirchenmauer öffnen sich Gußscharten. Der mächtige Wehr- und Glockenturm, dem Schäßburger Stundturm nachempfunden, beherrscht den Marktplatz. Eine ovale Ringmauer umgab die Kirche. Sie wurde im 19. Jahrhundert abgetragen.

8 | Kirchenburg Deutsch-Weißkirch

Die romanische Kirche aus dem 12. Jahrhundert wurde in drei Bauphasen erweitert und Ende des 15. Jahrhunderts zur Wehrkirche umgebaut. Der Chor und der Westturm erhielten einen Wehrgang. Der doppelte Bering stammt aus dem 17. bis 18. Jahrhundert. Die äußere Mauer war turmlos, die innere ist mit drei flankierenden Türmen, zwei Basteien und einem Torturm befestigt. Über einen gedeckten Wehrgang sind alle Türme und Basteien zu erreichen. Die Verdichtung der Anlagen auf engem Raum beeindruckt. Um das Baudenkmal vor weiterem Verfall zu bewahren, hat die Stiftung „Deutsches Kulturerbe in Rumänien", Stuttgart, im Jahre 1992 das Kirchendach neu eindecken und den Putz an Kirche und Wehranlage erneuern lassen.

9 | Ortskern und Kirchenburg Birthälm

In einem südlichen Seitental der Großen Kokel liegt der Marktort, dem schon im 15. Jahrhundert Wochenmarkts-, Jahrmarktsrecht und die Blutgerichtsbarkeit verliehen wurden. 1572, nach der Wahl des Birthälmer Pfarrers zum Superintendenten, wurde der Ort für fast 300 Jahre Sitz des Bischofs der Siebenbürger Sachsen. Bei ständiger Rivalität mit der nahen Kokelstadt Mediasch stagnierte die Dorfentwicklung in der Neuzeit wegen der abseitigen Verkehrslage. Seit Mitte des 19. Jahrhunderts ist der Ort bekannt für seine

edlen Weißweine. Auf einem Hügel inmitten der Ortschaft erhebt sich die Kirchenburg, eindrucksvoll in ihrer Größe, Befestigung und Ausstattung.
Seit 1993 gehört sie, zusammen mit dem Ortskern, dem Weltkulturerbe der UNESCO an.

10 | Kirchenburg Birthälm

Die turmlose Hallenkirche ist das Herz einer mächtigen Wehranlage: dreifache Ringmauer mit Arkadenbogen, sieben Türme, drei Basteien. 1992 wurden die Restaurierungsarbeiten abgeschlossen. Die Kirche entstand zwischen 1500 und 1525 als dreischiffige Hallenkirche mit langgestrecktem Chor mit Polygonabschluß und nördlicher Sakristei.
Der Kirchenbau zeigt neben spätgotischen Formen auch Elemente der Renaissance.
Die Ausstattung stammt aus dem ersten Viertel des 16. Jahrhunderts: die intarsienverzierte Tür, die Kanzel mit Steinreliefs, das Chorgestühl und ein der Veit-Stoß-Schule zugeordneter Hauptaltar.
Im Erdgeschoß des Katholischen Turms am inneren Bering befindet sich eine Kapelle, in der ein großer Teil der ursprünglichen Ausmalung erhalten geblieben ist. Auf den Fresken sind zu erkennen: die Verkündigung, die Anbetung der Heiligen Drei Könige, das Jüngste Gericht, das Weltgericht, Christus in der Mandorla, der Erzengel Michael, der Heilige Georg und die Heilige Ursula.

11 | Dorf und Kirchenburg Tartlau

Schon bei der Gründung von Tartlau wurden vier fast parallel verlaufende, leicht gekrümmte Hauptstraßen (Kronen-, Gassmer-, Göllnergasse und Steinreg) und in der Ortsmitte ein weitläufiger Marktplatz, mit Freiräumen für weitere bauliche Entfaltung, angelegt. Im Jahre 1211 wurde die Ortschaft dem Deutschen Ritterorden verliehen und bildete zusammen mit Petersberg und Honigberg eine Hundertschaft.
Geographisch ist Tartlau die östlichste Gründung im deutschen Siedlungsgebiet. Diese Großgemeinde des Burzenlandes wurde wegen der Nähe des Bosauer Passes, einem Einfallstor nach Siebenbürgen, oft von Feinden geplündert. Der Ort lebt von Landwirtschaft, Fischzucht, Gewerbe, Industrie und Handel.

12 | Kirchenburg Tartlau

Auf dem Dorfplatz steht die wohl eindrucksvollste siebenbürgisch-sächsische Kirchenburg. Die Kreuzkirche mit achteckigem Vierungsturm geht auf den Deutschen Ritterorden zurück, Siedler aus dem Rheinland vollendeten sie. Der fast kreisrunde Bering aus dem 15. bis 16. Jahrhundert ist vierzehn Meter hoch, hat vier Flankierungstürme, einen breiten, mit Satteldach eingedeckten Wehrgang mit Schießscharten und Gußerkern.

An der Innenseite befinden sich, in bis zu vier Geschossen, etwa 250 Vorrats- und Wohnkammern, die über Holztreppen zu erreichen sind. Der Zugang in die Burg erfolgt durch eine tonnengewölbte, dreißig Meter lange Torwehre und zwei Vorburgen im Süden, beide gesichert mit Fallgattern und Holztoren.
1992 hat die „Siebenbürgisch-Sächsische Stiftung", München, die Patenschaft über das Baudenkmal übernommen.
Damit dürfte sein Erhalt langfristig gewährleistet sein.

13 | Gräfenburg Kelling

Die Kellinger Gräfenburg aus dem 13. Jahrhundert wurde von Johann Gereb de Vingard um 1430 an die Dorfgemeinschaft verkauft. Der mächtige Bergfried (im Volksmund "Siegfried" genannt), ehemaliger Wohnturm der Gräfenfamilie, beherrscht das Ortsbild. Der doppelte Mauerring, die Wehrtürme und die tonnengewölbte Torbefestigung wurden im 15. Jahrhundert errichtet. Schließlich entstanden im 17. Jahrhundert am inneren Bering mehrgeschossige Vorratskammern.
In der Burgkapelle ist ein spätgotisches Wandgemälde erhalten geblieben, Holzempore und Ausstattung stammen aus dem 18. Jahrhundert. 1995 übernahm der Förderverein „Ars Transilvaniae", Klausenburg, Burg, Pfarrhaus, Friedhof und die evangelische Kirche und richtete dort ein Begegnungszentrum ein.

Der Unterwald

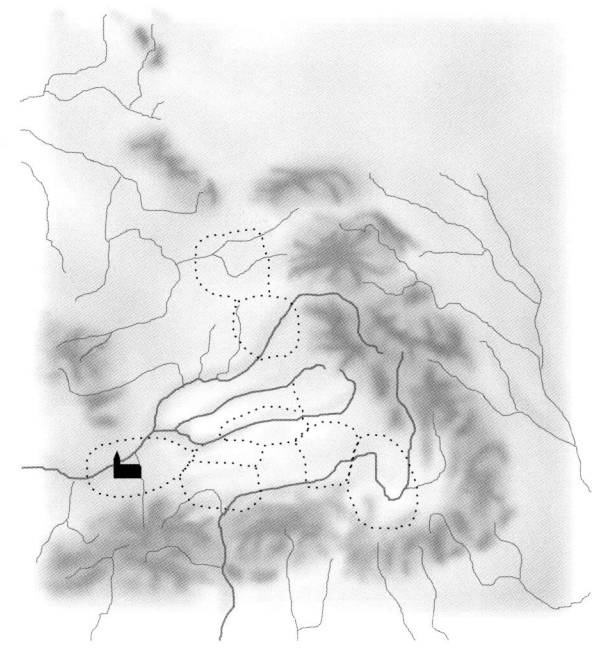

Der Unterwald, auch das Land vor dem Walde oder unter dem Walde genannt, umfaßt das westlichste deutsche Siedlungsgebiet in Siebenbürgen. Eine Rolle spielten bei der Besiedlung dieses Gebietes die Gräfen, Nachkommen des niederen Adels, vielleicht als Anführer einzelner Gruppen von Kolonisten.

"Stühle" hießen die mittelalterlichen Verwaltungsgebiete in Siebenbürgen. Zum Unterwald gehörten die Stühle Broos, Mühlbach und Reußmarkt. Geographisch wird das Gebiet im Süden von den Südkarpaten (Mühlbacher-Gebirge und Parâng-Massiv), im Norden vom Mieresch begrenzt. Sie schließen die Großpolder- und die Mieresch-Senke bei Broos ein. Mühlbach war die einzige Stadt im Unterwald, Broos und Reußmarkt hatten den Rang von Märkten, alle anderen Ortschaften waren Dörfer.

Die Bewohner lebten hauptsächlich von Acker-, Obst- und Weinbau sowie von der Forstwirtschaft.

14 |
Kirchenburg
Reußmarkt

15 | Dorf und Kirche
Großpold

16 | **Bergkirche und Friedhof Urwegen**

17
Gräfenburg
Urwegen

18 | Stadtpfarrkirche Mühlbach

19 | Burg und Friedhof Petersdorf

20 | Ortskern Broos

Der Unterwald

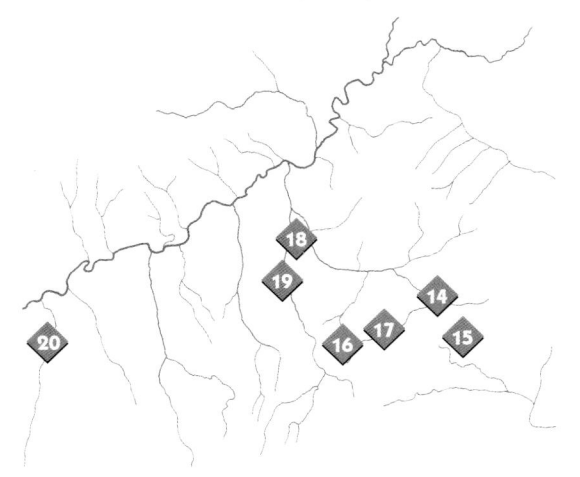

14 | Kirchenburg Reußmarkt

An der Nordseite des Marktplatzes steht die evangelische Kirche, eine ehemals romanische Basilika mit westlichem Glockenturm.
Ende des 15. Jahrhunderts ist sie umgebaut worden: das Kirchenschiff wurde verlängert, die Außenwände erhöht, über den Seitenschiffen wurden Emporen eingebaut. Zur Befestigung entstanden eine kreisförmige Ringmauer mit Pultdach, Schießscharten, Pechnasen, Wehrgang und Toranlage.
An der Innenseite des Berings wurden dreigeschossige, unterkellerte Vorratskammern angebaut. 1783 erhalten Langhaus und Chor neue Gewölbe. Die Innenausstattung der Kirche stammt größtenteils aus dem 18. Jahrhundert.

15 | Dorf und Kirche Großpold

Großpold ist ein eindrucksvolles Straßendorf mit gut erhaltenen Hofanlagen; es gehörte im Mittelalter zum Reußmarkter Stuhl.
Im 18. Jahrhundert bekam die siebenbürgisch-sächsische Bevölkerung Zuzug durch die "Landler", zwangsweise ausgesiedelte Protestanten aus dem österreichischen Salzkammergut. Großpold war eines der wohlhabendsten Winzerdörfer des Unterwaldes. Nach Ansiedlung der Landler erstarkte auch das Handwerk, weshalb die Gemeinde 1820 das Wochenmarkts- und Jahrmarktsrecht erhielt. 1836 wurden die alte Kirche und die Wehranlagen abgetragen, 1838 die neue Saalkirche mit westlichem Glockenturm geweiht.

16 | Bergkirche und Friedhof Urwegen

Die Urwegener Bergkirche ist heute nur noch eine Ruine. Die dreischiffige Pfeilerbasilika mit westlichem Glockenturm datiert aus der zweiten Hälfte des 13. Jahrhunderts.
Im 15. Jahrhundert wurde die Kirche wehrhaft gemacht - die Seitenschiffe abgebrochen, der Chor mit einem geraden Abschluß versehen, ein ovaler Bering hinzugefügt. 1870 fiel der Dachstuhl der Kirche einem Brand zum Opfer. 1876 erfolgte die Abtragung der Umfassungsmauer bis auf die Höhe einer niedrigen Umfriedung, der Burghof wurde zum Friedhof.
Eine Bronzeplatte erinnert an die Sage der "Braut von Urwegen".

17 | Gräfenburg Urwegen

In der Ortsmitte von Urwegen steht eine Gräfenburg aus dem 13. Jahrhundert, die später in den Besitz der Dorfgemeinschaft überging. Der quadratische Bering ist bis auf geringe Höhe abgetragen worden.
Zu erkennen sind noch Teile des Wehrganges und Reste eines Wehrturms. Der ehemalige Wohnturm, ein Bergfried, wurde 1879 zum Glockenturm umgebaut. An dem massiven Torturm mit bogenförmigen Seitenfronten sind noch die Gleitrinnen des Fallgatters sichtbar. Das Obergeschoß nutzten die Bewohner bis in die jüngste Vergangenheit als Specksturm. Anbauten im Inneren der Torwehre: Schule und Pfarrwohnung. Römische Skulpturen zieren die Nordfassade.

18 | Stadtpfarrkirche Mühlbach

Eine besonders rege Bautätigkeit kennzeichnet die Zeit König Ludwigs des Großen (1342 - 1382). Die ehemals romanische Basilika von Mühlbach aus dem 13. Jahrhundert wurde in der zweiten Hälfte des 14. Jahrhunderts um ein Querschiff und einen dreischiffigen Hallenchor erweitert.

Der Hallenchor birgt das wertvollste gotische Bildwerk Rumäniens, entstanden um das Jahr 1400. Die Baumeister und Steinmetze kamen aus dem Umfeld der Parler-Schule.
Der 13 Meter hohe Schnitzaltar stammt aus der Zeit zwischen 1516 und 1526. Auf dem Mittelschrein und den vier Festtagstafeln sind Szenen aus dem Marienleben dargestellt, auf weiteren acht Tafeln Szenen aus dem Leben der Heiligen Familie.

19 | Burg und Friedhof Petersdorf

Als die Kirche von Petersdorf im 13. Jahrhundert erbaut wurde, befand sich die Ortschaft noch auf dem linken Ufer des Mühlbachs, einem südlichen Nebenfluß des Mieresch. Auf einer Erhöhung im Tal entstand eine dreischiffige Basilika mit einem viergiebeligen Glockenturm mit Traufendach am westlichen Ende des Langhauses.
Eine Bastei vervollständigte die kreisrunde Umfassungsmauer an der Südwestseite.
Im 19. Jahrhundert wurde das Kirchenschiff völlig abgebrochen. Die Ortsbewohner nutzen die „Burg" als Begräbnisstätte.

20 | Ortskern von Broos

Der westlichste Ort des deutschen Siedlungsgebietes in Siebenbürgen entstand im 12. Jahrhundert am Brooser Bach, einem Zufluß des Mieresch.
Broos, der Verwaltungsort des gleichnamigen sächsischen Stuhls, wurde wiederholt von den Türken verwüstet. Im Osten des Marktplatzes, hinter einer vorgelagerten Häuserzeile, erhebt sich die Kirchenburg.
Die Ringmauer hat einen quadratischen Grundriß, vier Ecktürme und je einen Turm in der Mitte jeder Seitenlänge. Ein Wassergraben umgab die Wehranlage.
Die Befestigung umschließt zwei Kirchen: die reformierte, eine turmlose Saalkirche aus dem 14. bis 15. Jahrhundert, und die evangelische Kirche, erbaut in den Jahren 1819 bis 1853. Nach dem Einsturz ihres Glockenturms im Jahre 1839 erhielten beide Kirchen einen neuen Turm.

Das Alte Land

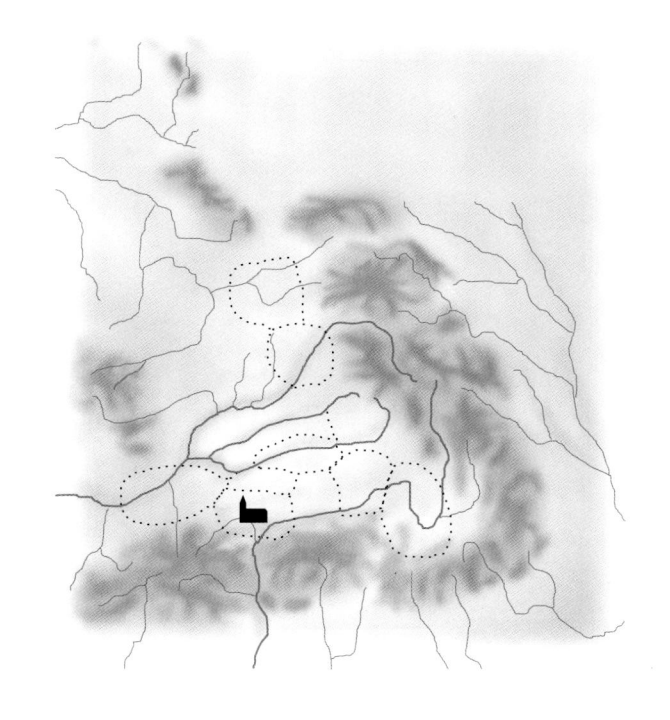

Die Bezeichnung „das Alte Land" erinnert wohl an die frühen Ortsgründungen der deutschen Besiedlung um die Mitte des 12. Jahrhunderts. Das Alte Land umfaßt die Umgebung von Hermannstadt, die sogenannte Zibinsebene, eine Erosionssenke, die den Übergang von den Randgebieten der Südkarpaten zum Siebenbürgischen Hochland bildet. Im Süden begrenzen das Gebiet das Fogarascher, das Lauterbach- und das Zibinsgebirge. Diese Bergkette durchbricht etwa in der Mitte der Rote-Turm-Paß, durch den der Alt zur Donau fließt.

Im Norden, Westen und Osten umschließen die Ausläufer des Siebenbürgischen Hochlandes die Senke. Hermannstadt, das Zentrum der Region, liegt auf einer Terrasse des Zibins. Große Fruchtbarkeit zeichnet die Senke aus. Über Jahrhunderte bildeten daher Ackerbau und Viehzucht, Obst- und Gemüsebau sowie die Forstwirtschaft die Schwerpunkte des Wirtschaftslebens. Handel und Gewerbe blühten in der Stadt.

21
Stadtpfarrkirche
Hermannstadt

22 ▶
Hermannstadt:
die Oberstadt

23 ▶▶
Kirchenburg
Heltau

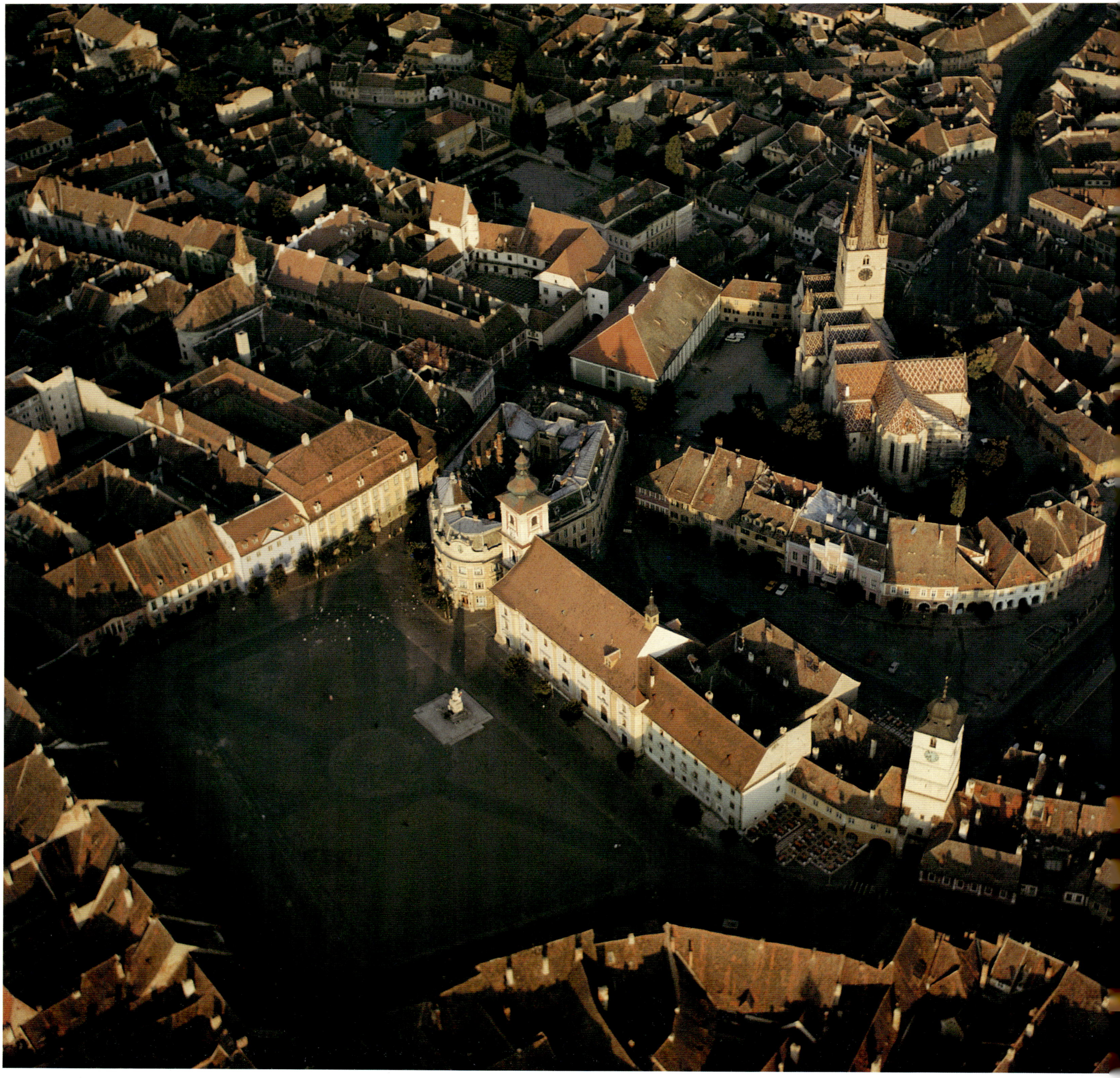

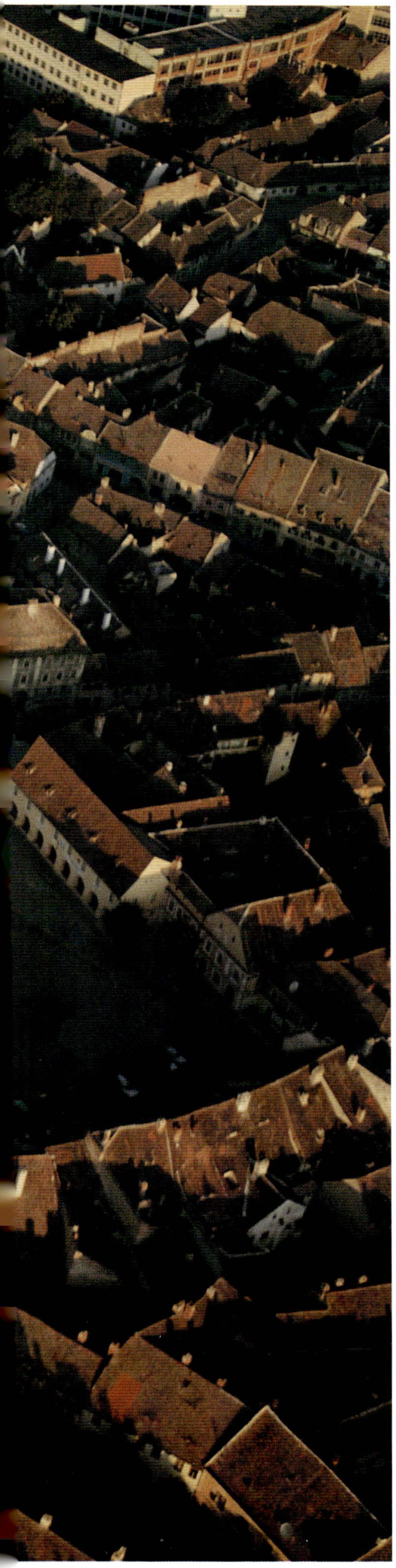
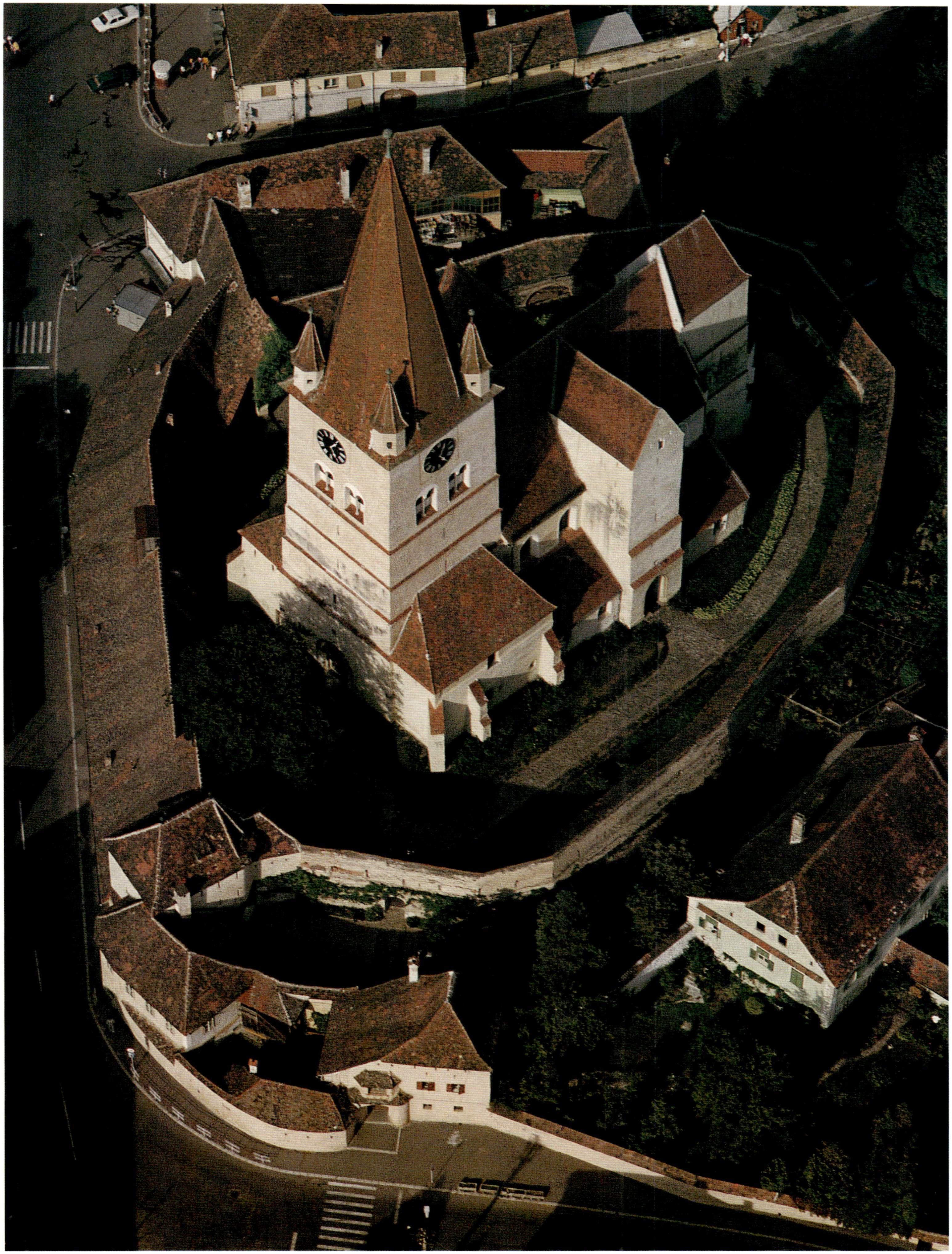

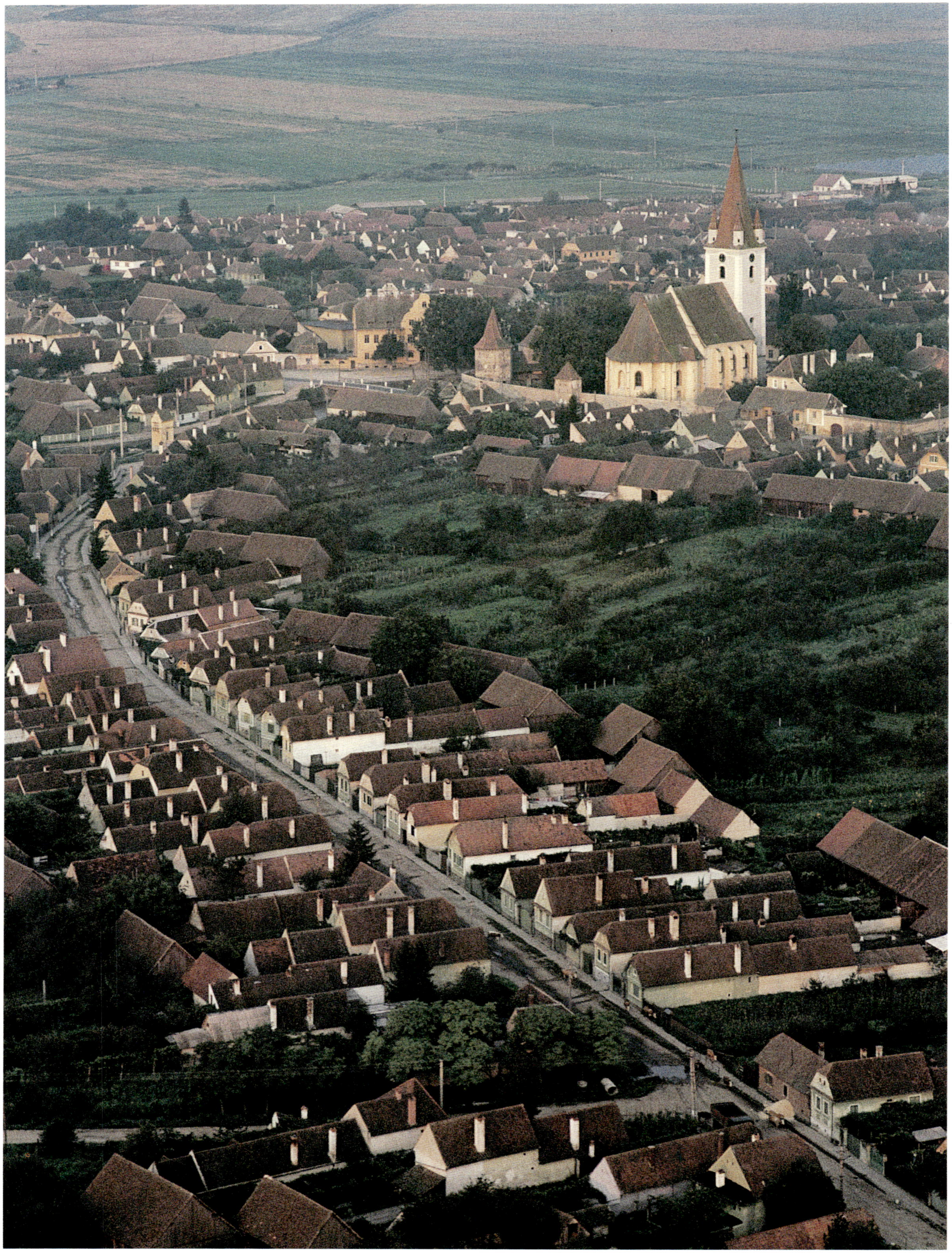
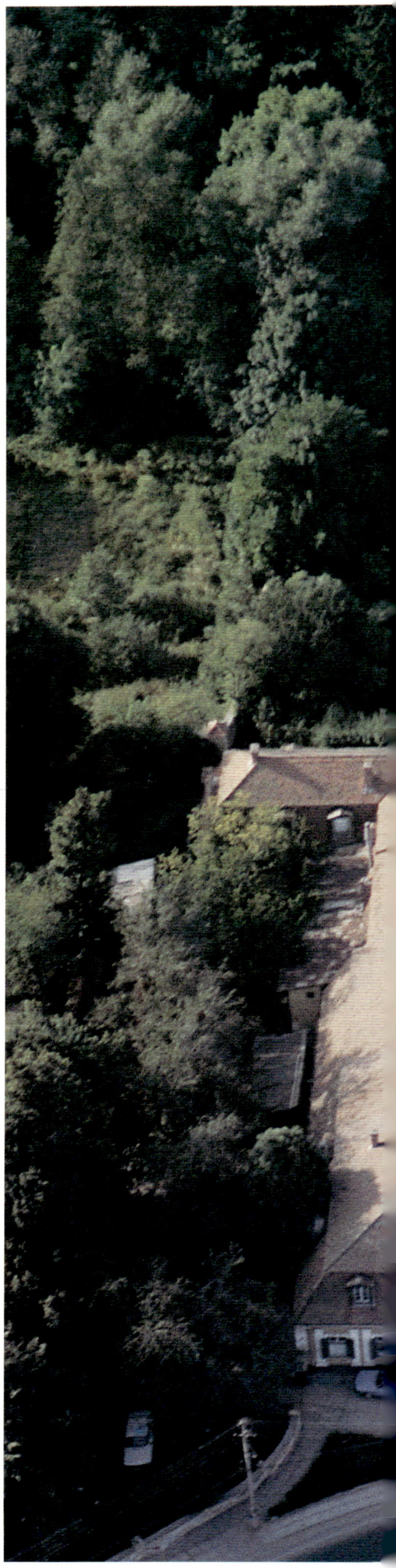

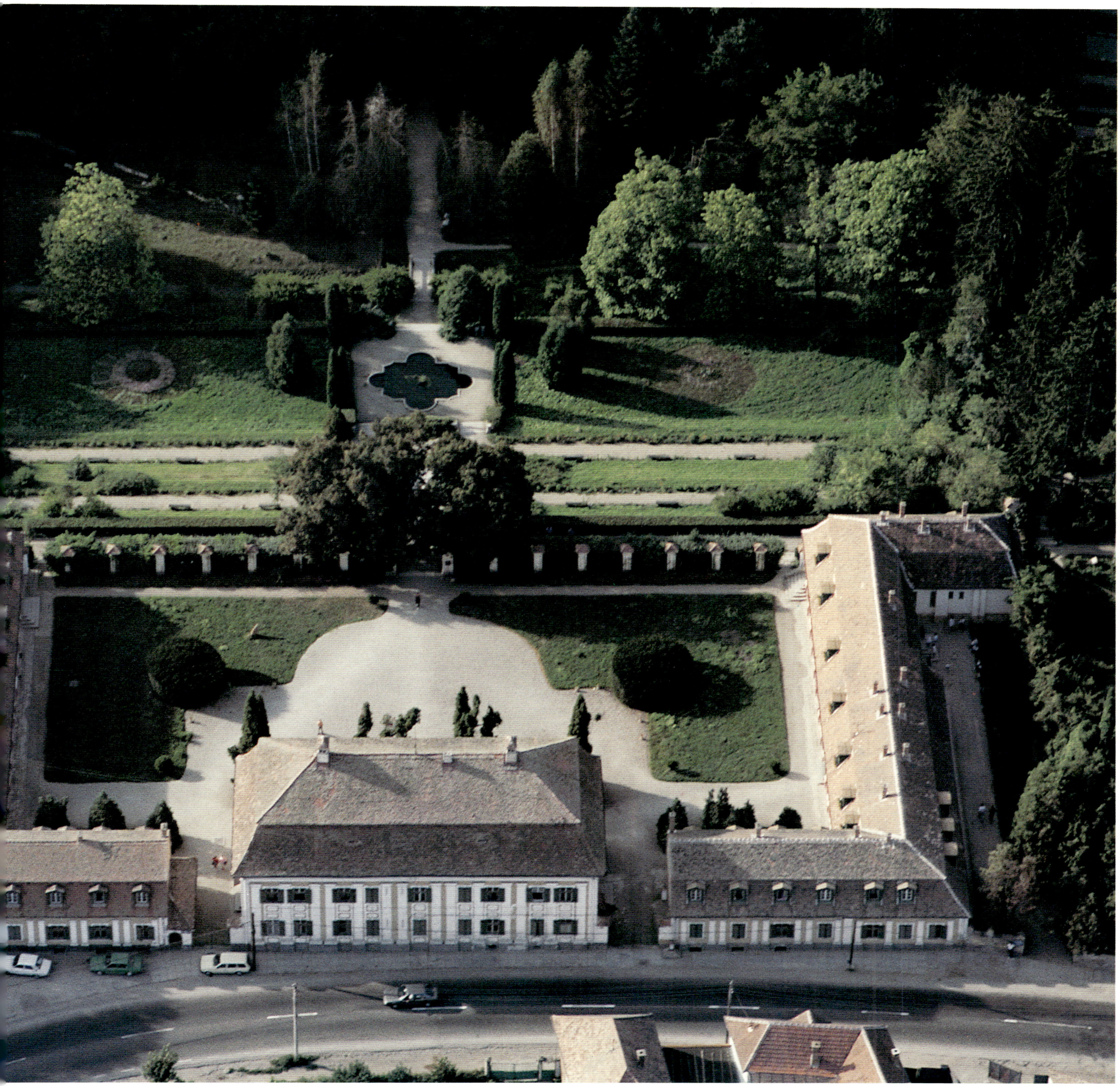

◄◄ 24
Ort und Kirchenburg Großau

◄ 25
Sommerpalais Brukenthal in Freck

26
Zisterzienserkirche Kerz

27 | Burg Michelsberg

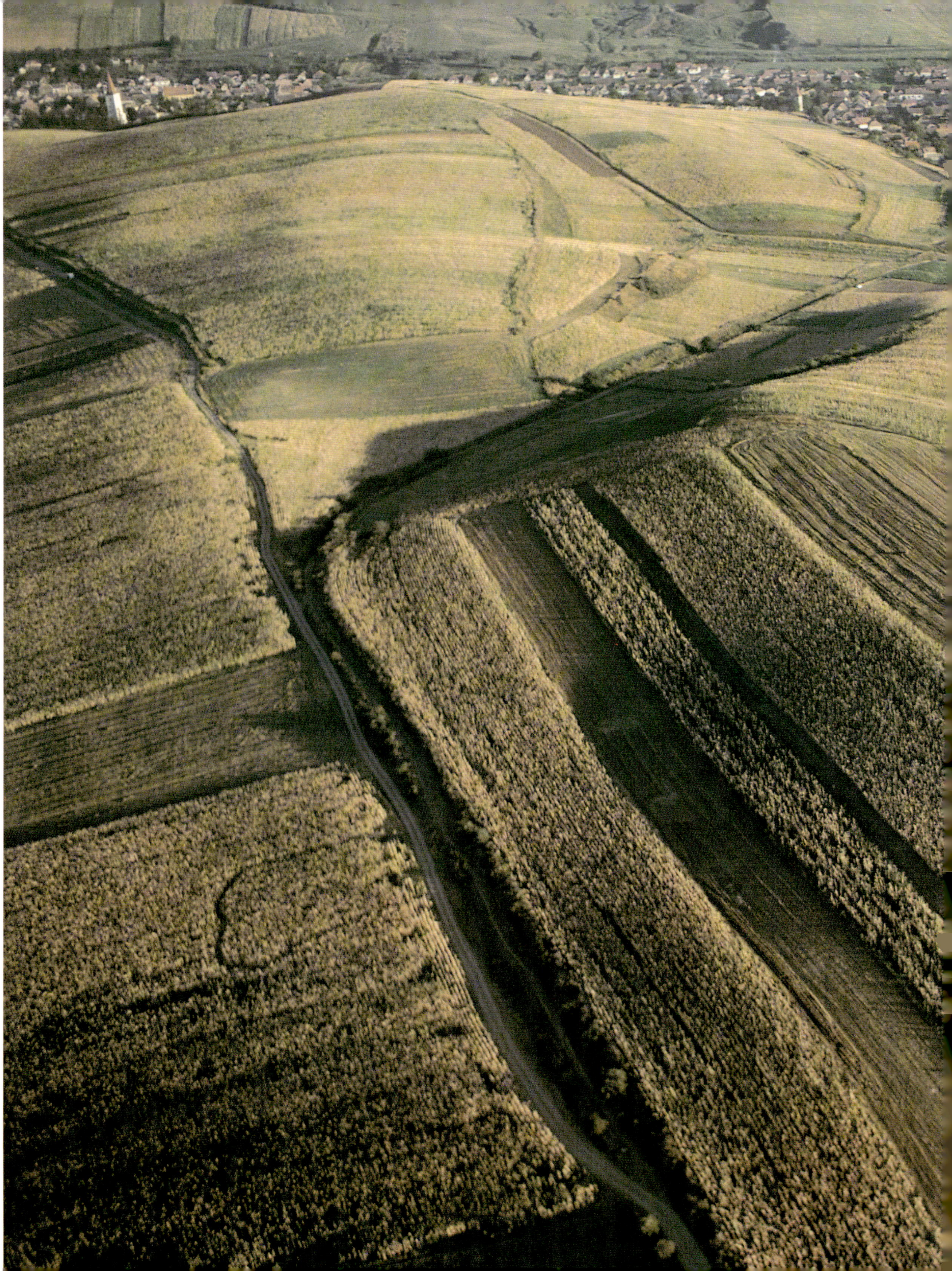

28
Dorfflur im Alten Land

29 | **Burg und Ort Stolzenburg**

30 | **Kirche und Friedhof Thalheim**

31 | Kirchenburg Holzmengen

Das Alte Land

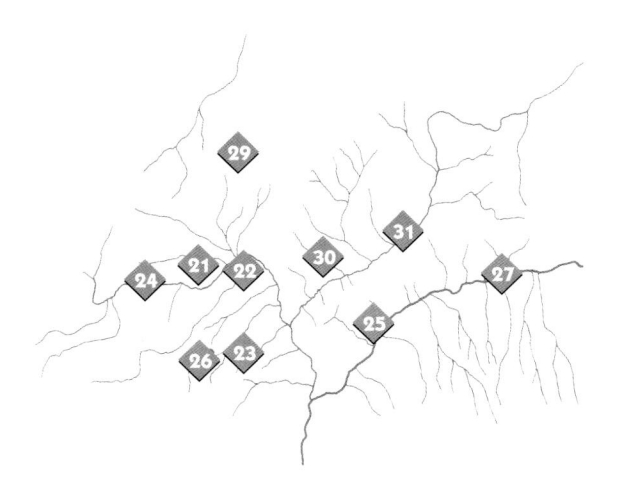

21 | Stadtpfarrkirche Hermannstadt

Über den Grundmauern einer romanischen Basilika entstand zwischen 1322 und 1520 in mehreren Bauabschnitten das heutige Gotteshaus: eine dreischiffige Hallenkirche mit Querhaus, dreijochigem Chor, Sakristei und Glockenturm. In der sogenannten Ferula steht die Statuengruppe "Jesus zwischen zwei Engeln" (16. Jahrhundert), an den Wänden reihen sich die aufgerichteten Grabplatten von Königsrichtern, Bürgermeistern, Senatoren, Stadtpfarrern und wohlhabenden Bürgern. An der Nordwand des Chores ist ein Kreuzigungsfresko freigelegt worden. Die Nordwand des Mittelschiffes zieren Epitaphien. Bemerkenswert ist das bronzene Taufbecken, ein Werk des Glockengießers Leonhardus aus dem Jahre 1438.

22 | Hermannstadt Die Oberstadt

Über Jahrhunderte war Hermannstadt das wirtschaftliche, verwaltungsmäßige, politische und kirchliche Zentrum der Siebenbürger Sachsen und Landeshauptstadt von Siebenbürgen. Das Leben der Stadt bestimmten zunehmend die Handwerkszünfte. Bereits im 14. Jahrhundert gab es neunzehn Zünfte, in denen 25 Gewerbe zusammengefaßt waren. Die Oberstadt entstand auf der oberen Terrasse der Zibins-Au. Der Ort besitzt einen malerischen Stadtkern mit der wuchtigen hochgotischen Pfarrkirche. Der Verlauf der früheren Stadtmauern ist auf dem Luftbild noch immer deutlich zu erkennen.

23 | Kirchenburg Heltau

Kern der Kirchenburg von Heltau ist eine dreischiffige romanische Basilika vom Anfang des 13. Jahrhunderts mit massivem Westturm, der das Erscheinungsbild der Ortschaft auch heute prägt. Nach dem verheerenden Türkeneinfall von 1493 wurde die Kirche befestigt. Dem Chor wurde ein Wehrgeschoß aufgesetzt, hinzu kamen zwei Wehrtürme über Nord- und Südportal, Wehrgeschosse am Westende der Seitenschiffe, ein dreifacher Bering mit Wehrgang, verstärkt mit Türmen und Basteien. Zwischen den Ringmauern wurde ein Wassergraben angelegt. Im Inneren der Basilika, an der Nordchorwand, ist die Freskomalerei erhalten geblieben: Anbetung der Könige und Darstellung im Tempel. Aufbewahrt werden in der Kirche ein Grabstein aus dem 12. Jahrhundert sowie ein bronzenes Vortragekreuz aus dem 13. Jahrhundert.

24 | Ort und Kirchenburg Großau

Die Bewohner von "Insula Cristiani", wie Großau in den Urkunden des 13. Jahrhunderts genannt wird, begannen die am Nordufer des Zibins gelegene Kirche nach dem Mongolensturm (1241) zu befestigen. Der achteckige Turm stammt aus dieser ersten Befestigungsphase. Die drohende Gefahr der Türkeneinfälle bewog die Dorfgemeinschaft Mitte des 15. Jahrhunderts, die Wehranlage zu erweitern. Das Ergebnis ist eine stark befestigte Kirchenburg mit doppeltem Bering, Zwinger und fünf Wehrtürmen. Die Ringmauern umschließen eine umgebaute, zur dreischiffigen Hallenkirche erweiterte romanische Basilika mit Glockenturm. In der Kirchenburg werden heute die Archive und die Kirchenausstattung aufgelöster sächsischer Gemeinden des Kirchenbezirkes Hermannstadt aufbewahrt.

25 | Sommerpalais Brukenthal in Freck

Das Barockpalais in Freck, heute als Sanatorium für Berufskrankheiten genutzt, wurde vom Kommandierenden General Siebenbürgens Buccow geplant und um 1770 von Samuel Freiherr von Brukenthal im Baustadium erworben. Nach der Fertigstellung als Sommerresidenz brachte Brukenthal hier einen Teil seiner Gemäldesammlung unter. Das Hauptgebäude hat ein Erd- und ein Obergeschoß, zwei Freitreppen und einen Balkon zum Park. Die symmetrischen Seitenflügel sind ebenerdig. Bezaubernd ist der in Terrassen angelegte Park mit seltenen Bäumen und Pflanzen, Steintreppen, Teich und Orangerie.

26 | Zisterzienserkirche Kerz

Das Zisterzienserkloster Kerz entstand Anfang des 13. Jahrhunderts als östlichste Gründung der Ordens der "weißen Mönche" und wurde 1474 aufgelöst. Klosterbauten und Abteikirche, errichtet im letzten Viertel des 13. Jahrhunderts, sind nur zum Teil erhalten.
Die Klosterkirche war ursprünglich eine achtjochige Pfeilerbasilika mit polygonalem Hauptchor und Querschiff mit Nebenkapellen. Die Zisterzienserabtei, damals der größte Sakralbau Siebenbürgens, ist eines der wichtigsten Zeugnisse siebenbürgischer Frühgotik. Der stehengebliebene Chor der Zisterzienserkirche wurde um die Mitte des 16. Jahrhunderts zur evangelischen Dorfkirche umgebaut.

27 | Burg Michelsberg

Die Quellen nennen die romanische Kirche erstmals 1223. Sie ist eine dreischiffige romanische Pfeilerbasilika mit halbrunder Apsis, Chorquadrat, kurzem Langhaus mit erhöhtem Mittelschiff und niedrigen Seitenschiffen. Zu der Ausführung der Westtürme kam es nicht mehr. Das Westportal flankieren Blendarkaden; die Gewände sind vierfach mit Säulenpaaren abgetreppt, die Flucht-, Rund- und Blattkapitelle tragen. Die Basilika war Vorbild für den Kirchenbau im Kernsiedlungsgebiet (Altes Land). Die Anlage ist von einem einfachen Bering mit Zinnenkranz, Wehrgang, Torturm und drei Wehrtürmen umgeben. Seit 1223 war Michelsberg Grundherrschaft des Zisterzienserklosters Kerz und danach der Stadt Hermannstadt.

28 | Dorfflur im Alten Land

Die Gemarkung eines siebenbürgisch-sächsischen Dorfes bestand aus der landwirtschaftlichen Nutzfläche und der Allmende oder Gemeinerde. Der Ackerbau wurde als Dreifelderwirtschaft betrieben. Aus der Gemeinerde konnten bei Bedarf neue Hofstellen oder Agrarflächen erschlossen werden. Die Gewanne - das Gewann als die Fläche, die ein Bauer bewirtschaftete - wurden bis ins 17. Jahrhundert jährlich neu zugeteilt. Allmählich kam auch der private Grundbesitz auf, doch erst im 18. Jahrhundert unterstand er gesetzlichem Schutz. Damals kam es zu einer intensiven Bodennutzung. Eine moderne Landwirtschaft förderte dann systematisch der "Siebenbürgisch-Sächsische Landwirtschaftsverein" (1841 - 1945).

29 | Burg und Ort Stolzenburg

Im 15. und 16. Jahrhundert baute die Dorfgemeinschaft von Stolzenburg mit Hilfe der Hermannstädter Provinz um einen Bergfried aus dem 14. Jahrhundert, in dem sich eine Kapelle befand, eine Burg. Die Anlage sollte bei Gefahr die Dorfbewohner aufnehmen und zudem die Zufahrtsstraße nach Hermannstadt von Norden her sichern. Eine nie vollendete gotische Hallenkirche trennte den viereckigen Nordhof von dem dreieckigen Südhof. Die Einfahrt befindet sich im Osten, befestigt mit einem Wehrturm mit Fallgatter. Der heutige bauliche Zustand der Ruine ist das Ergebnis mehrerer Eroberungen, wie auch des Mißbrauchs als Steinbruch im 19. Jahrhundert. Dem fortschreitenden Verfall wurde erst im 20. Jahrhundert Einhalt geboten.

30 | Kirche und Friedhof Thalheim

Die Thalheimer evangelische Kirche ist eine turmlose romanische Basilika vom Anfang des 13. Jahrhunderts. Durch Umbauten im 15. und 18. Jahrhundert erhielt die Kirche ihr heutiges Aussehen. Der gedrungene, fast schmucklose Sakralbau ist im Grundriß fast unverändert erhalten. Die einfache Ringmauer hat von ihrer ursprünglichen Höhe viel eingebüßt. Auf der Südseite steht ein Glockenturm. Im ehemaligen Burghof wurde der evangelische Friedhof angelegt.

31 | Kirchenburg Holzmengen

Im Süden des Dorfes Holzmengen, auf einer Anhöhe über dem Harbach, erhebt sich eine Kirchenburg mit doppelten Ringmauern aus dem 15. Jahrhundert. Den inneren Bering verstärken ein wehrhaftes Fruchthaus und zwei vorspringende Wehrtürme. Die äußere Wehrmauer hat zwei Türme. Der Torturm mit einem nachgebauten hölzernen Fallgatter verbindet die beiden Ringmauern. Von der ursprünglichen romanischen Pfeilerbasilika sind die drei ersten Geschosse des westlichen Glockenturms, die Mittelschiffwände und das Westportal erhalten. Die Rundsäulen tragen Kapitelle mit Relieffries, die Bogenlaibung reichen Figurenschmuck. Im 15. Jahrhundert wurden die Seitenschiffe abgetragen, die Scheidbogen vermauert, der Chor mit der Apsis neu errichtet und der Glockenturm erhöht. Die Stiftung „Deutsches Kulturerbe in Rumänien", Stuttgart, führte in den Jahren 1994 und 1995 an der Kirchenburg umfassende Instandsetzungsmaßnahmen durch.

Das Kaltbach- und das Weißbachtal

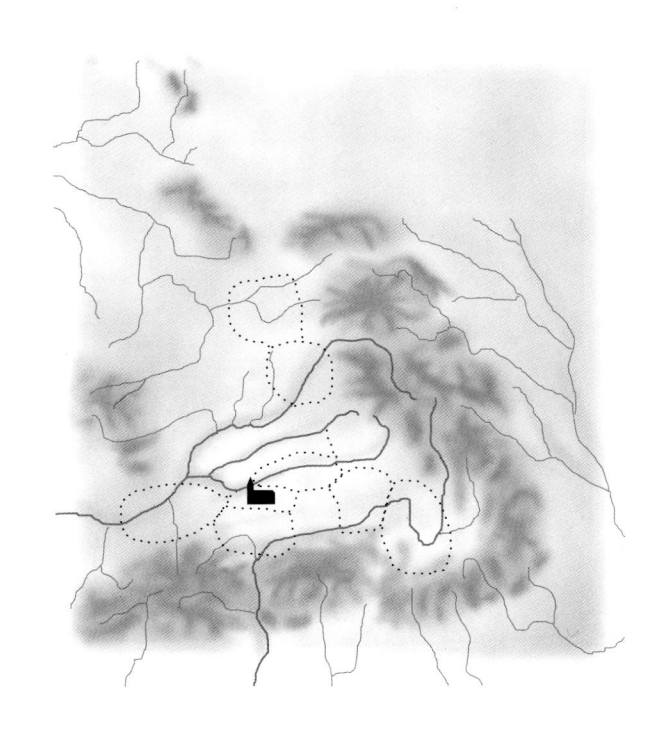

Die Besiedlung dieser Region durch deutsche Kolonisten erfolgte erst in der zweiten Hälfte des 13. Jahrhunderts.

Die Bewohner der neuen Siedlungen waren in der Mehrzahl Leibeigene, die Dörfer waren schon vor der Besiedlung an Grundherrn verliehen worden. Steile Hänge und fruchtbare Täler prägen die Landschaft, ausgedehnte, von Eichen- und Buchenwäldern bestandene Hochebenen bilden die Höhen. Das Weißbachtal verläuft von Süden nach Norden und zieht die Grenze zwischen dem Zekesch-Hochland und dem Großkokler Höhenzug.

Das Kaltbachtal streicht von Osten nach Westen und trennt den Großkokler Höhenzug vom Harbach-Hochland. Die Landwirtschaft prägte die Region seit jeher. Neben Ackerbau und Viehzucht spielte der Weinbau eine wichtige Rolle, heute büßt dieser allerdings zunehmend an Bedeutung ein. Abseits von den Hauptverkehrswegen Siebenbürgens dämmert hier manche Ortschaft still vor sich hin.

Ort und Kirche Mortesdorf

33 | Hofanlagen in Martinsdorf

34 | Kirchenburg Magarei

35 | Wehrkirche Almen

36 | Kirchenburg Schaal

37 | Umgenutzte Terrassen vormaligen Rebbaus

Das Kaltbach- und das Weißbachtal

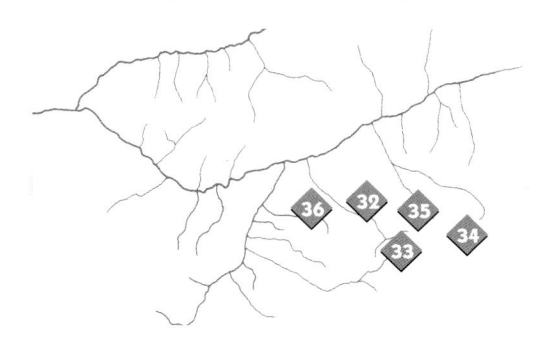

32 | Ort und Kirche Mortesdorf

Am gleichnamigen Bach entstand der kleine Ort Mortesdorf in einer Hügellandschaft, die nur selten die 500-Meter-Marke überschreitet. Die Hauptstraße folgt dem Bachverlauf, eine Seitenstraße geht nach Norden ab, die Hannengasse verläuft einen minderen Zufluß des Mortesdorfer Baches entlang. Am Schnittpunkt der drei Gassen liegt der dreischenkelige Dorfplatz mit der Kirchenburg und den Gemeinschaftsbauten. Die turmlose Saalkirche stammt wohl aus dem ausgehenden 14. Jahrhundert. Im 19. Jahrhundert wurde die Kirche westwärts verlängert und eine Empore eingebaut. Der Bau der polygonalen Ringmauer mit drei Türmen erfolgte im 15. Jahrhundert.
In dem Glockenturm, einem aufgestockten Wehrturm, hängen zwei vorreformatorische Glocken, eine davon aus der Werkstatt des berühmten Gelbgußmeisters Leonhardus.

33 | Hofanlagen in Martinsdorf

Am oberen Ende des Kaltbachtales, an dem gleichnamigen Zufluß, entstand an der Verbindungsstraße Marktschelken – Agnetheln die Siedlung Martinsdorf mit einem weitläufigen Platz, von dem aus die Straßen strahlenförmig abgehen.
Die Mehrzahl der schmalen Hofparzellen enden straßenseitig mit giebelständigen Häusern; in geringer Tiefe schließt die Scheune ab. Das Bild macht die Ausrichtung der Bauernhöfe zur Kirche, dem Dorfmittelpunkt, augenfällig.
Im Mittelalter war der Ort Grundherrschaft der Talmescher Gräfen, später ungarischer Adliger. Erst 1810 hob eine kaiserliche Weisung die Untertänigkeit auf.

34 | Kirchenburg Magarei

An einem nördlichen Zufluß des Harbachs befindet sich die anfangs grundherrliche, später freie Gemeinde des Leschkircher Stuhles Magarei. Die Kirchenburg liegt auf einer Anhöhe dem Dorfplatz gegenüber. Die turmlose spätgotische Saalkirche mit flacher Stuckdecke entstand Ende des 14. Jahrhunderts.
Im folgenden Jahrhundert begann der Bau einer Ringmauer. Von den ursprünglich vier Wehrtürmen ist nur der Torturm erhalten geblieben, der heute als Glockenturm genutzt wird, sowie Teile des Berings mit zwei Reihen von Schießscharten und Pechnasen.
Von der mittelalterlichen Ausstattung hat sich wenig erhalten.
Der Altar ist klassizistisch und stammt vom heimischen Künstler Daniel Bertleff, das Taufbecken und die Turmuhr wurden im 19. Jahrhundert erneuert.
Im Glockenturm befindet sich eine vorreformatorische Glocke aus dem Jahre 1512.

35 | Wehrkirche Almen

Über dem im Kaltbachtal gelegenen Dorf Almen erhebt sich auf einem Bergrücken die vergleichsweise kleine, aber gut erhaltene Kirchenburg. Die Sakristei der turmlosen gotischen Saalkirche mit Chorquadrat und dreiseitigem Chorschluß vom Anfang des 14. Jahrhunderts liegt seltsamerweise auf der Südseite des Chores.
Zu Beginn des 16. Jahrhunderts wurde die Kirche befestigt. Sie erhielt über dem Chor ein Wehrgeschoß, mit gemauertem Wehrgang, schmalen Schießscharten und Gußlöchern. Auch die Sakristei erhielt einen wehrhaften Überbau.
Ein fünfgeschossiger Torturm und drei Wehrtürme, von denen der südliche als Glockenturm diente, verstärkten die ovale Umfassungsmauer mit Wehrgang.
Die mittlere Glocke datiert aus dem 15. Jahrhundert.

36 | Kirchenburg Schaal

In einem rechten Seitental des Weißbachs, am Schaaler Bach, liegt die ursprünglich hörige Gemeinde Schaal. Sie erkaufte sich ihre Freiheit für 400 Gulden im Jahre 1368. Das Straßendorf besteht aus einer Hauptgasse und einer sehr kurzen Nebengasse. In der Mitte verbreitert sich die Hauptstraße und bildet einen dreieckigen Platz, von dessen Nordostseite ein Weg zu der Kirchenburg auf die den Ort beherrschenden Anhöhe führt. Die der hl. Ursula geweihte Kirche ist spätgotisch. Ihr Wiederaufbau (mit gleichzeitiger Verlängerung nach Westen) nach der Zerstörung durch einen Brand fällt in die Jahre 1832 bis 1834. Die Glocken hängen in einem hölzernen Glockenstuhl im Burghof. Ein polygonaler Mauerring (Ende des 15., Anfang des 16. Jahrhunderts) mit drei Türmen umgibt die Kirche.

37 | Umgenutzte Terrassen vormaligen Rebbaus

Kurz nach der Ansiedlung erwähnen die schriftlichen Zeugnisse Weinberge. Der Weinbau war den Siedlern aus ihren Herkunftsgebieten vertraut, und da das Siebenbürgische Hochland insbesondere auf den Südhängen ideale Voraussetzungen bot, wurde neben den Gewerbeerzeugnissen der Wein zum bedeutendsten Ausfuhrgut der Siebenbürger Sachsen, und das bis in die Neuzeit. Dann aber ging der Weinbau in Siebenbürgen allmählich zurück. Zunächst schädigte ihn das Auftreten der Reblaus, dann die Verstaatlichung der Weinberge nach 1945.
Heute werden die ehemaligen Rebflächen in vielen Orten landwirtschaftlich anderweitig genutzt.

Das Harbachtal und der Krautwinkel

Im Harbachtal und im Krautwinkel fällt die Landnahme durch deutsche Kolonisten in die Mitte bzw. in die zweite Hälfte des 12. Jahrhunderts Der Harbach, ein ruhig dahinfließender Bach von immerhin 90 km Länge, mit vielen Zuflüssen, fließt von Nordosten nach Südwesten.
Der Boden ist von mittelmäßiger Fruchtbarkeit. Der Anbau von Weizen, Hafer und Hanf herrschte vor, in neuerer Zeit kamen Kartoffeln und Rüben dazu. Bis in die siebziger Jahre rösteten die Bauern den Hanf im Bachlauf. Hafer wurde hauptsächlich als Pferdefutter angebaut.

Der Krautwinkel, ein Teil des südlichen Harbach-Hochlandes, umfaßt nur wenige Dörfer in einer mit Eichen- und Buchenwäldern bestandenen Landschaft. In einigen Niederungen, meist an sumpfigen kleinen Bächen, liegen die Siedlungen. Diese Abgeschiedenheit feite weitgehend vor Veränderungen, die anderswo mit den Zeitläufen kamen.

38 | „Büchel" bei Hundertbücheln

39 | Kirchenburg Braller

40 | Kirchenburg Agnetheln

41 | Kirchenburg Jakobsdorf

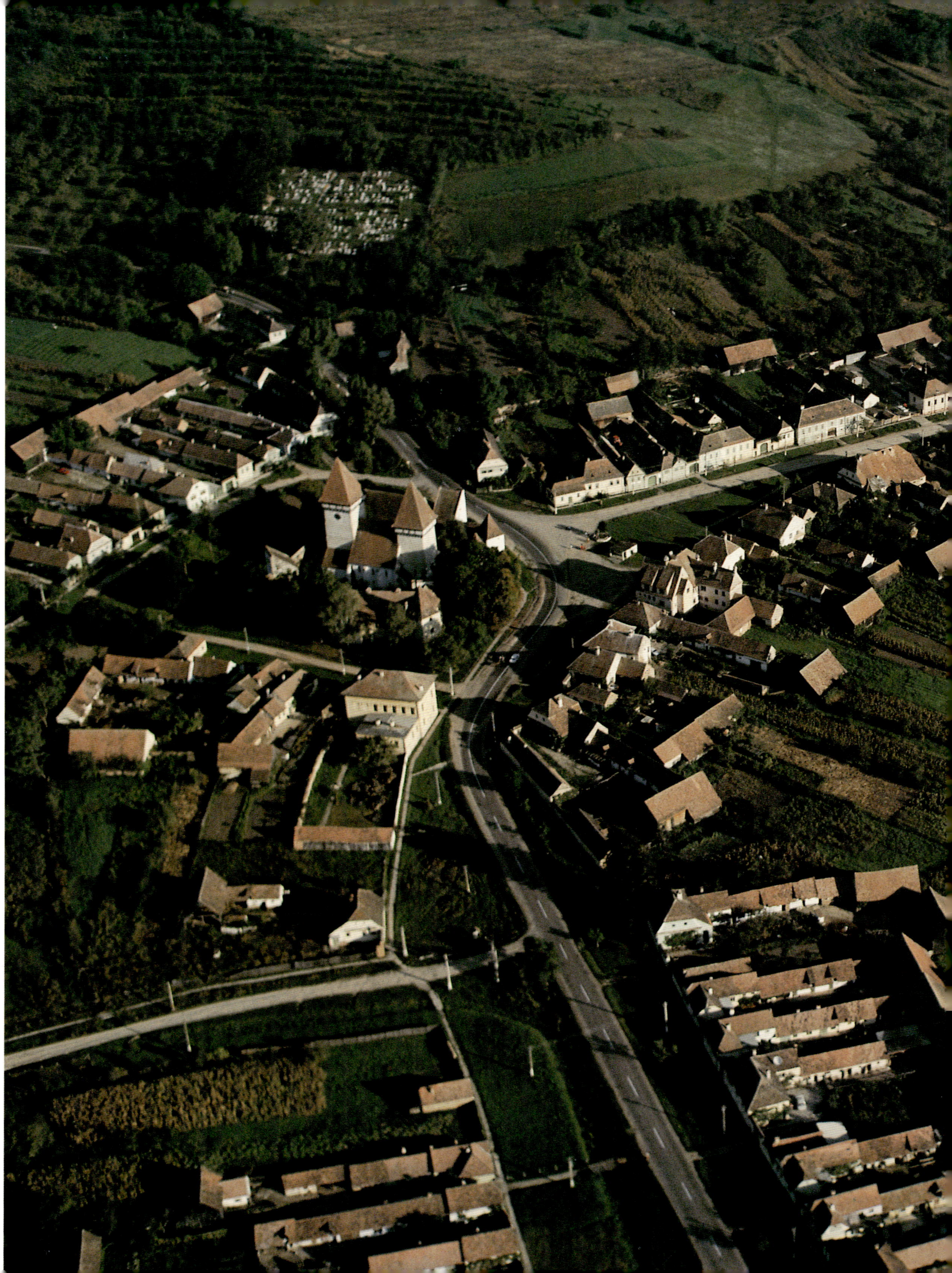

42
Dorf und Kirchenburg
Schönberg

43 | Kirchenburg Mergeln

Das Harbachtal und der Krautwinkel

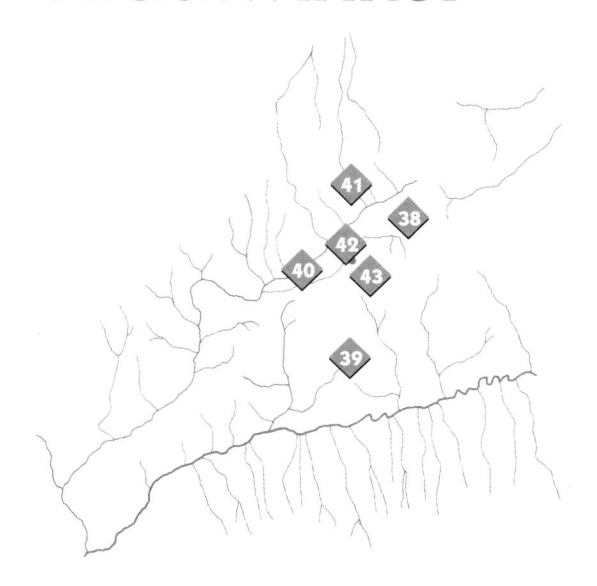

38 | „Büchel" bei Hundertbücheln

Eine im Siebenbürgischen Hochland häufige landschaftliche Eigenart sind die Rutschungshügel, auch "Büchel" genannt. Es handelt sich nach Ansicht der Fachleute um im Jungtertiär abgelagerte Schichtenkomplexe, bestehend aus Sandstein- und Tonmergelschichten. Die Hänge der Berge entstanden vor etwa vier bis fünf Millionen Jahren. Berglehnen, deren obere Schichten aus wasserdurchlässigem Sandstein bestehen, liegen auf dem undurchlässigen Tonmergel, der das Abrutschen ermöglicht. Pollenanalysen zeigten, daß diese Rutschungshügel während einer regenreichen Zeit vor acht- bis neuntausend Jahren beim Abgleiten der Oberkanten der Hänge entstanden.

39 | Kirchenburg Braller

Nördlich des Altflusses, im Krautwinkel, liegt das Dorf Braller in einer Senke inmitten bewaldeter Höhen.
In der Dorfmitte steht die Kirchenburg. Die heutige Kirche mit Glockenturm, die aus Umbauten im 15. und 19. Jahrhundert hervorgegangen ist, hatte als Vorgängerbau eine romanische Pfeilerbasilika aus dem 13. Jahrhundert. In der Kirche befindet sich ein Flügelaltar des Meisters Johannes Stoß, eines Sohnes von Veit Stoß. Im Mittelschrein steht die Figur der Madonna mit dem Kind, 1520 datiert, während auf den Tafeln Szenen der Nikolauslegende dargestellt sind.
Vom Bering der Anlage ist eine polygonale Ringmauer mit Wehrgang, Basteien und Türmen erhalten geblieben.

40 | Kirchenburg Agnetheln

Zu beiden Seiten des Harbachflusses entstand der Marktort Agnetheln, bis in die Neuzeit durch die Erzeugnisse seiner Gerber, Schuster, Kürschner, Schneider und Töpfer bekannt. Mit Handel und Gewerbe bestimmte der Ort auch das ländliche Umfeld. Gegenüber dem Marktplatz, auf der linken Seite des Harbachs, entstand die Kirchenburg. Um die gotische Hallenkirche mit hohem Glockenturm, die auf einen romanischen Vorgängerbau folgte, wurden Mitte des 15. Jahrhunderts die Wehranlagen angefügt. 1845 wurde der ovale Bering abgetragen. Verblieben sind drei Wehrtürme: der Schmiede-, der Schneider- und der Schusterturm.

41 | Kirchenburg Jakobsdorf

In einem nördlichen Seitental des Harbachs entwickelte sich Jakobsdorf im Mittelalter zur zweitgrößten Gemeinde des Großschenker Stuhles. Die gotische Saalkirche aus dem frühen 14. Jahrhundert steht auf einer den Ort überragenden Anhöhe. In drei Etappen, während des 15. und 16. Jahrhunderts, wurde sie wehrhaft gemacht.
Hohe Wehrtürme entstanden im Westen beziehungsweise über der Sakristei und ein Wehrgeschoß über dem gesamten Kirchenschiff. Eine polygonale Mauer mit einem Torturm, ein wehrhaftes Fruchthaus und zwei vorspringende Türme umschließen die Kirche. Dem Torturm war ein Vorhof vorgelagert. Mit Ausnahme der Ostmauer ist die Anlage, eine der eindrucksvollsten im Harbachtal, gut erhalten.

42 | Dorf und Kirchenburg Schönberg

Schönberg ist eine geschlossene Ortschaft im Altbachtal; sie liegt an der Gabelung des alten Landwegs, der Mergeln mit Hundertbücheln verband, und der Landstraße, die von Voila nach Agnetheln führt. Die Dorfanlage folgt einer Achse von Nordosten nach Südwesten, die in der Ortsmitte nach Südosten abschwenkt. Das Gelände bestimmt Lage und Form des Dorfes: es grenzt im Osten an den Altbach und im Westen und Südwesten an hügeliges Terrain. Die Hofanlagen im Ortskern sind 10 bis 18 Meter breit. Die Tiefe von der Straßenfront bis zur quer abschließenden Scheune mißt rund 30 Meter.
Die Toreinfahrten sind häufig von einem gemauerten Bogen überwölbt. Hinter der quer stehenden Scheune liegt der Gemüsegarten.

43 | Kirchenburg Mergeln

Die Wehrkirche von Mergeln steht außerhalb der bäuerlichen Siedlung auf einem etwas höher liegenden Plateau.
Die heutige evangelische Kirche ist das Ergebnis von Umbauten zu Beginn des 16. und des 18. Jahrhunderts. Die Befestigung bezog die dreischiffige Basilika aus dem 13. Jahrhundert mit ein. Über dem Chorquadrat entstand ein Turm mit vier Geschossen; der ursprüngliche Westturm wurde ummantelt und mit Schießscharten und Wehrgang versehen.
Die Umfassungsmauer bildet ein unregelmäßiges Viereck mit ursprünglich vier Ecktürmen, von denen nur zwei erhalten sind.

Das Kokelgebiet

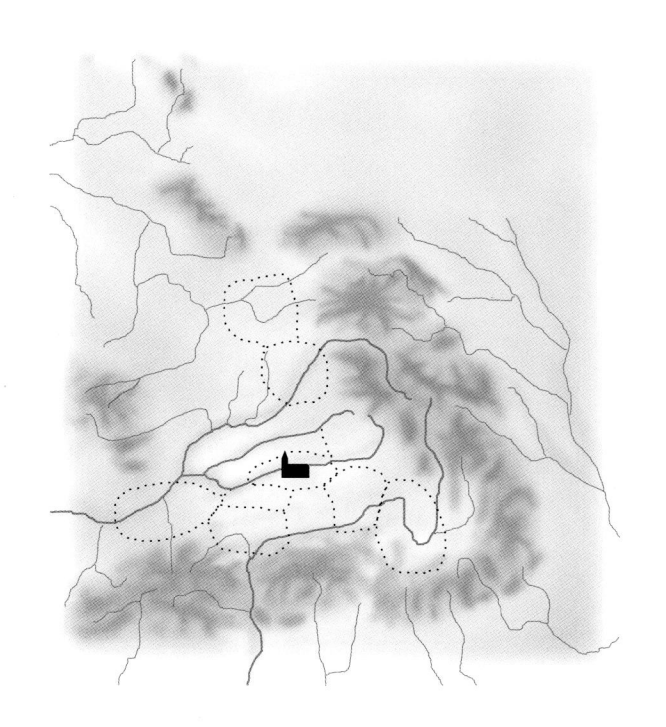

A ls Kokelgebiet bezeichnet man die Landschaft im Einzugsgebiet der Großen Kokel und zwar den mittleren Flußlauf.

Der Großkokler Höhenzug bildet die Nordgrenze, der Fettendorfer Höhenzug - die Wasserscheide zwischen der Großen Kokel und dem Alt - die Südgrenze. Die Zuflüsse der Großen Kokel beziehungsweise deren enge Seitentäler gliedern das Land in kleine Hochflächen: Mediascher, Schäßburger und Keisder Berge. Auf den Hochflächen stehen Eichenwälder, im östlichen Teil Buchenwälder. Hier gibt es auch Lagerstätten von Erdgas und Steinsalz. Die Besiedlung dieser Landschaft durch Deutsche erfolgte in der zweiten Hälfte des 13. Jahrhunderts. Sie lebten hauptsächlich vom Weinbau; auf den steilen Hängen der Kokel und der Seitentäler gediehen die Reben bestens. Die Industrieabgase, der Metallstaub von Kleinkopisch und die Entvölkerung der Ortschaften ließen neuerdings im Kokeltal viele Rebflächen veröden.

44 |
Stadt Schäßburg

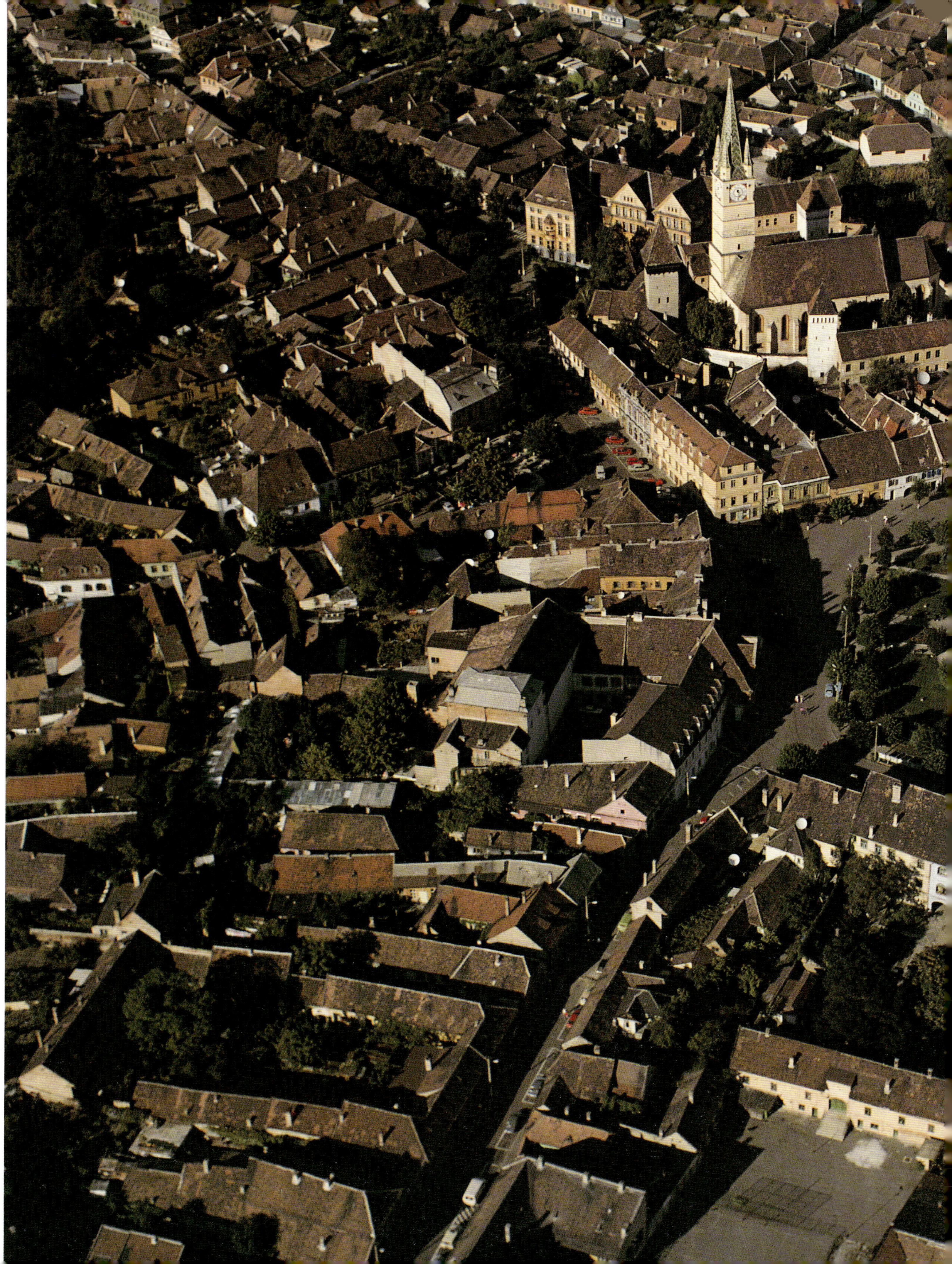

45 | Stadtkern Mediasch

46 | **Kirchenburg Frauendorf**

47
**Kirchenburg
Arbegen**

48 | Dorf und Kirchenburg Pretai

49 | Schloß Kreisch

50 | Wehrkirche Meschen

51 | Kirchenburg Scharosch

52 | Ort und Kirche
Neudorf

53 | Ort und Kirche Michelsdorf

Kirchenburg Abtsdorf

55 | Kirchenburg Kirtsch

Das Kokelgebiet

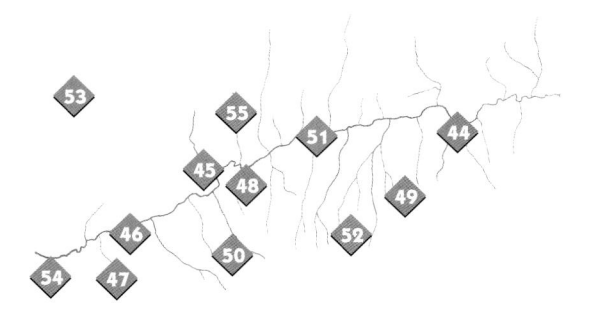

44 | Stadt Schäßburg

Schäßburg, in liebevoller Übertreibung das "siebenbürgische Rothenburg" genannt, wartet mit dem besterhaltenen mittelalterlichen städtebaulichen Ensemble in Siebenbürgen auf. Leider wurden in den letzten Jahren der kommunistischen Diktatur große Teile der Unterstadt abgerissen. Die Oberstadt, von außerordentlicher Geschlossenheit, wird überragt von der Bergkirche, einer spätgotischen Hallenkirche mit bedeutenden Wandgemälden. Seit 1993 laufen umfangreiche Instandsetzungsmaßnahmen. Das Deutsche Nationalkomitee von ICOMOS und das Rumänische Denkmalamt betreuen die Renovierung, die Finanzierung trägt ausschließlich die „Messerschmitt Stiftung", München.

45 | Stadtkern Mediasch

Am linken Ufer der Großen Kokel stieg der nach dem Jahre 1270 gegründete Marktort zum Vorort des Weinlandes auf und erhielt 1545 das Stadtrecht. Gewerbe und Handel prägten das Leben der Stadt. Die Kirchenburg, das "Kastell", umschließt die Pfarrkirche. Innerhalb der beiden Ringmauern mit vier Türmen und einem Torturm befanden sich ehemals das Rathaus, das Pfarrhaus, die Predigerwohnung und die Schule. An der Südseite des Kastells lehnt eine Häuserzeile, die auf den Marktplatz blickt; den Platz umstanden weitere öffentliche Gebäude und die Häuser wohlhabender Bürger.

46 | Kirchenburg Frauendorf

Auf der östlichen Terrasse des Weißbachs, an der Kreuzung zweier Straßen, entstand auf dem Dorfplatz die Kirchenburg. Wohn- und Fruchtkammern schmiegen sich an die Innenseite des ovalen Berings, abgedeckt durch ein Pultdach. Der Torturm gewährt Einlaß von Osten her. Die gotische Saalkirche mit dreigeschossigem Vierungsturm über dem Chorquadrat stammt aus dem 14. Jahrhundert. Im Zuge der Befestigung erhielt die Kirche über Schiff und Chor ein Wehrgeschoß, mit Wehrgang, Schießscharten und Gußerkern. Die Innenausstattung der Kirche stammt größtenteils aus dem 18. Jahrhundert.

47 | Kirchenburg Arbegen

An der Mündung des Schaaler Bachs in den Weißbach erhebt sich auf einer Anhöhe die Kirchenburg von Arbegen. Die Saalkirche mit fünfgeschossigem Vierungsturm über dem Chorquadrat, mit Vorhalle auf der Westseite und Sakristei auf der Südseite erhielt nachträglich ein Wehrgeschoß über dem Chor. Spätere Umbauten, wie der Barockgiebel der Westfassade und die Westempore veränderten das Innere und Äußere des Sakralbaus. Im Glockenturm hängen drei vorreformatorische Glocken.
Anfang des 16. Jahrhunderts vervollständigte eine einfache Ringmauer die Anlage.
Der Torturm mit der tonnengewölbten Einfahrt trägt ein Pultdach; angebaut wurde das Fruchthaus mit der Speckkammer.

48 | Dorf und Kirchenburg Pretai

Auf einer ausgedehnten Terrasse der Großen Kokel entstand das Angerdorf Pretai, urkundlich erstmals 1283 erwähnt. Parallel zu der breiten Hauptstraße mit nordsüdlicher Ausrichtung verlaufen vier Nebengassen, deren beidseitige Enden wiederum je eine Querstraße verbindet. Den Nordabschluß des Dorfangers bildet die Kirchenburg.

Die Saalkirche mit westlichem Glockenturm, Sakristei und polygonalem Chorschluß hat auf der Westseite ein reich gegliedertes Portal mit gotischer Bauplastik.
Zu Beginn des 16. Jahrhunderts schritt die Gemeinde zur Befestigung der Kirche. Über dem Chor entstand ein Wehrgeschoß. Eine polygonale Ringmauer kam hinzu; sie besaß einen hölzernen Wehrgang, auf der Südseite den Torturm und eine Bastei auf der Ostseite, die 1906 abgetragen worden ist.

49 | Schloß Kreisch

Sein heutiges Aussehen verdankt das Schloß, ursprünglich ein Besitz der ungarischen Adelsfamilie Bethlen, der Neugestaltung im 16. und 17. Jahrhundert, die der Hermannstädter Steinmetz Elias Nicolai wesentlich prägte. Die fast quadratische Burganlage weist eine runde und drei rhomboidale Eckbasteien auf. Das stockhohe Hauptgebäude mit Arkaden und Freitreppe, befestigt mit einem runden Turm, beherbergte unter anderem eine Bibliothek, einen Waffensaal und im 17. Jahrhundert eine Druckerei.
Die Verstaatlichung und die anschließende zweckfremde landwirtschaftliche Nutzung sowie die Unterlassung jeglicher Erhaltungsmaßnahmen haben das Schloß in den heutigen Zustand fortgeschrittenen Verfalls versetzt. Zu dem Schloß gehört ein vier Quadratkilometer großer Park mit Teich, Krypta und Arboretum.

50 | Wehrkirche Meschen

Zu den größten Kirchenburgen des Weinlands gehört die Kirchenburg von Meschen. Auf dem Dorfplatz, an einem Zufluß des Meschener Bachs, bauten die Meschner zunächst im 14. Jahrhundert eine gotische Basilika. Gegen Ende des 15. Jahrhunderts begannen unter Leitung des Baumeisters Andreas aus Hermannstadt Umbauten in großem Stil. Es entstand eine dreischiffige Hallenkirche mit wertvoller Bauplastik, ein hochgotisches Sakramentshäuschen im Chor und ein freistehender Glockenturm. Im Zuge der Befestigung errichtete die Gemeinde im folgenden Jahrhundert ein Wehrgeschoß über dem Chor, das zum Teil auf das Schiff übergreift, die Vorbauten über den Portalen, eine Ringmauer mit fünf Türmen und Basteien, sowie einen Zwinger.

51 | Kirchenburg Scharosch

Auf einer höher gelegenen Terrasse am Südufer der Großen Kokel entstand wohl kurz nach der Ortsgründung eine romanische Kapelle, dann im 14. Jahrhundert eine dreischiffige turmlose Basilika, der hl. Helene geweiht. Umbauten im folgenden Jahrhundert ergaben einen kreuzförmigen Grundriß. Die Seitenschiffe verschwanden bis auf die östlichen Joche, ein Querhaus und eine Sakristei kamen hinzu. An die Westseite wurde ein Glockenturm angebaut.
Eine letzte Erweiterung mit der Erhöhung auch des Langhauses fällt ins 18. Jahrhundert. Mitte des 15. Jahrhunderts ist der Sakralbau befestigt worden.
In die einfache Ringmauer fügten sich vier Türme und ein Torturm mit Fallgatter.

52 | Ort und Kirche Neudorf

Die kleine Siedlung Neudorf wurde im Lassler Tal gegründet. Ein südlicher Zufluß der Großen Kokel durchfließt die Hauptstraße. In der Ortsmitte geht ein kurzes Nebengäßchen nach Osten ab, weitet sich zu einem Freiraum, dem Dorfplatz, mit den öffentlichen Gebäuden und dem Pfarrhaus. Im Mittelalter war der Ort Grundherrschaft der ungarischen Grafen Apafi, dann, im 18. Jahrhundert, Besitz von Elisabethstadt. Auf einem Bergrücken östlich der Hauptstraße steht die turmlose Kirche aus dem 15. Jahrhundert, ohne Ringmauer. Der zweigeschossige Glockenturm, erst im 19. Jahrhundert errichtet, steht frei und trägt einen Knickhelm.

53 | Ort und Kirche Michelsdorf

In der breiten Flußau eines nördlichen Seitentals der Kleinen Kokel angelegt, war Michelsdorf zunächst Domäne der Kokelburg und nachher Grundherrschaft der ungarischen Adelsfamilie Bethlen. Die Hauptstraße verläuft von Norden nach Süden und verbreitert sich im südlichen Teil zu einem weitläufigen Anger. An der östlichen Straßenseite zweigen zwei Seitengäßchen ab. Oberhalb des Dorfes, in Hanglage, entstand 1504 eine spätgotische Saalkirche.
Der freistehende Glockenturm auf der Nordseite ist im Jahr 1825 hinzugefügt worden. Die Hauptbeschäftigung der Michelsdorfer Sachsen war der Weinbau. Auf den Südhängen der Weinberge werden insbesondere Königsast, Traminer und Riesling angebaut. Bedauerlicherweise ist der Weinbau heute rückläufig.

54 | Kirchenburg Abtsdorf

Vor der Mündung des Schorstener Bachs in die Große Kokel steht auf einem die Ortschaft beherrschenden Ausläufer des Zekesch-Hochlands die evangelische Kirche von Abtsdorf. Die Entstehung der turmlosen Saalkirche mit polygonalem Chorschluß reicht ins 14. Jahrhundert zurück.
Die Bogenfelder der Chorfenster sind mit Vierpaßmaßwerk versetzt. An der ovalen Umfassungsmauer gab es vormals einen hölzernen Wehrgang, an der Innenseite Vorratskammern. Westseitig erhebt sich ein dreigeschossiger Torturm mit Walmdach, an der Nordseite gibt es einen Eingang für Fußgänger. Im Turm hängt eine Glocke aus dem Jahre 1623. Die Ausstattung der Kirche stammt größtenteils aus der Barockzeit.

55 | Kirchenburg Kirtsch

In einem nördlichen Seitental der Großen Kokel, auf dem sogenannten Kirchberg, einem Ausläufer des Großkokler-Hochlands, steht die spätgotische Pfeilerbasilika von Kirtsch. Zu dem westlichen Glockenturm über dem Mittelschiff gehört ein reich gegliedertes Portal unter einem Blendmaßwerkfries, dessen Wimperg mit einer Kreuzblume besetzt ist. Zwei Figurenkapitelle der Portalsäulen stellen Hunde dar, die übrigen sind blattlaubverziert. Der Chor ist mit reicher Bauplastik geschmückt. Die ovale Ringmauer mit dreigeschossigem Torturm auf der Ostseite aus dem 16. Jahrhundert stützt sich auf Außenpfeiler.
Nahe dem Torturm wurde eine Kapelle, die als Beinhaus diente, in den Bering einbezogen.

Das Zwischenkokel- und das Zekeschgebiet

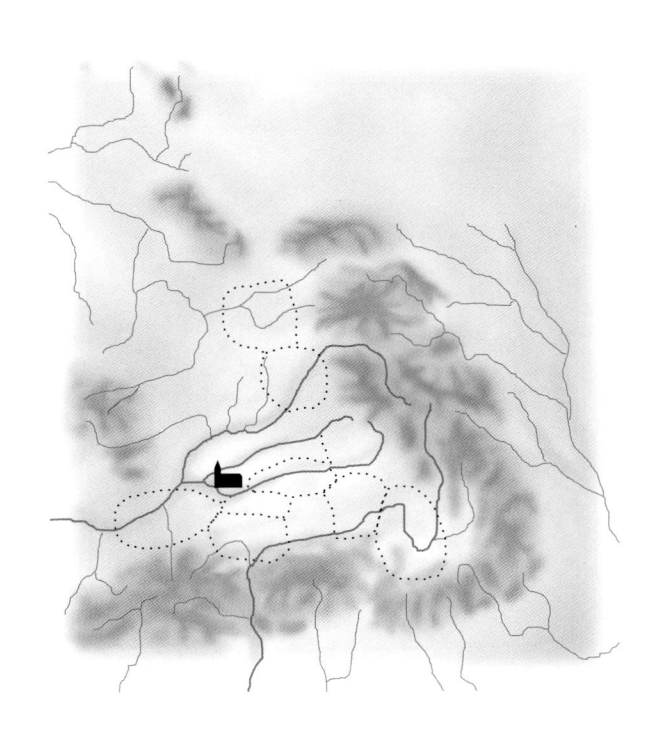

Nach 1300 siedelten die Sachsen nördlich der Großen Kokel vor allem auf Komitatsboden, der nicht mehr den altbesiedelten sächsischen Stühlen unterstand. Im Zwischenkokelgebiet gründeten sie etwa vierzig Ortschaften, die meisten auf adeligen Grundherrschaften. Der Innerkokler Höhenzug beherrscht die Landschaft auf einer Länge von 80 und einer Breite von 20 Kilometern. Der Ostteil wird auch als Weinland bezeichnet.

Im Norden fließt die Kleine Kokel, die bei Blasendorf in die Große Kokel mündet. Die Wasserscheide, die nahe der Großen Kokel verläuft, bildet die Südgrenze. Die zahlreichen Seitentäler, die alle von Süden nach Norden verlaufen, eignen sich vorzüglich für den Wein- und Obstbau. Bei Baaßen treten Jodquellen zutage. Erdgaslagerstätten machen das Gebiet auch industriell bedeutsam.

56 | Kirchenburg Bogeschdorf

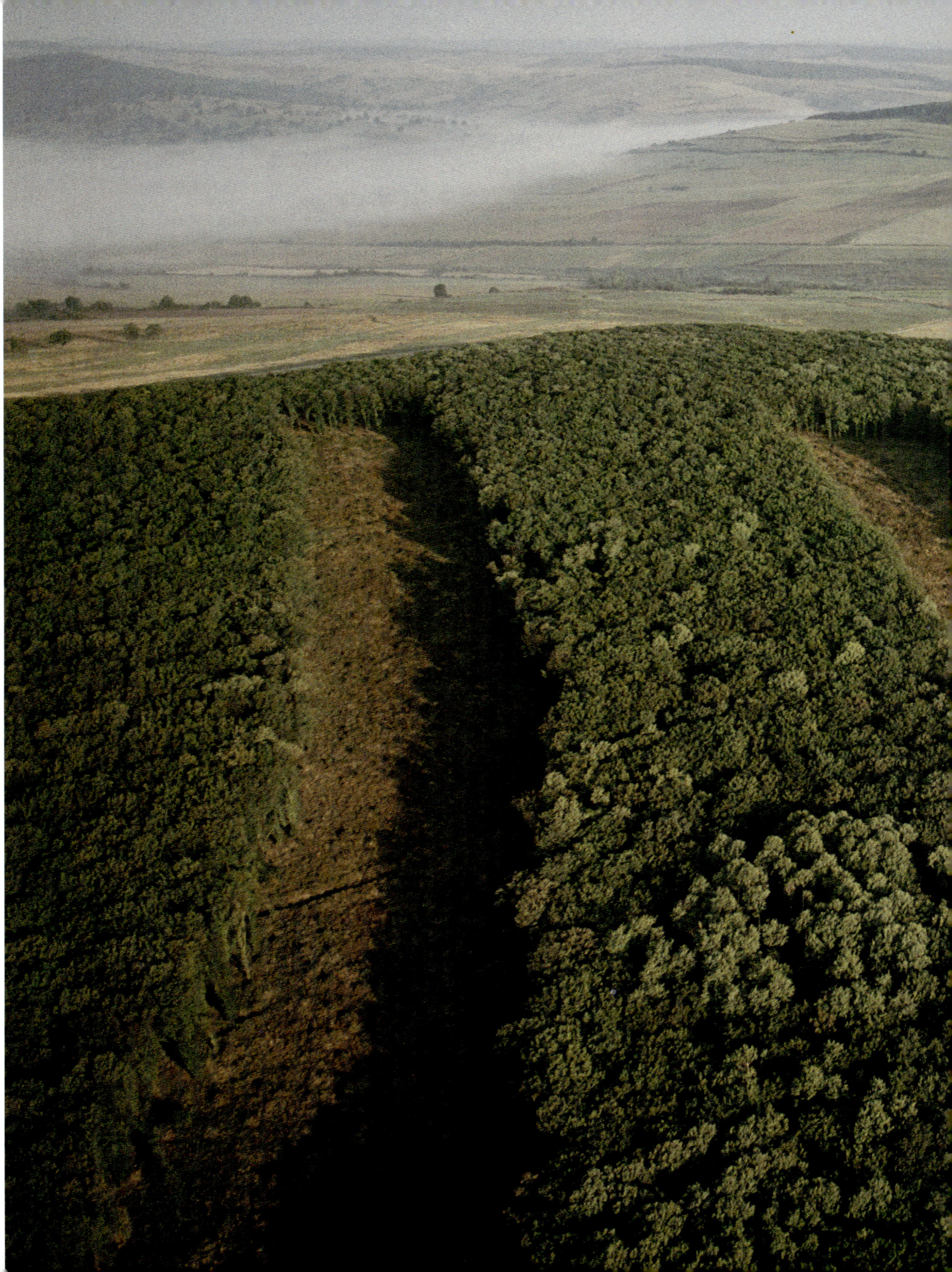

Im Anflug an die Kokeln

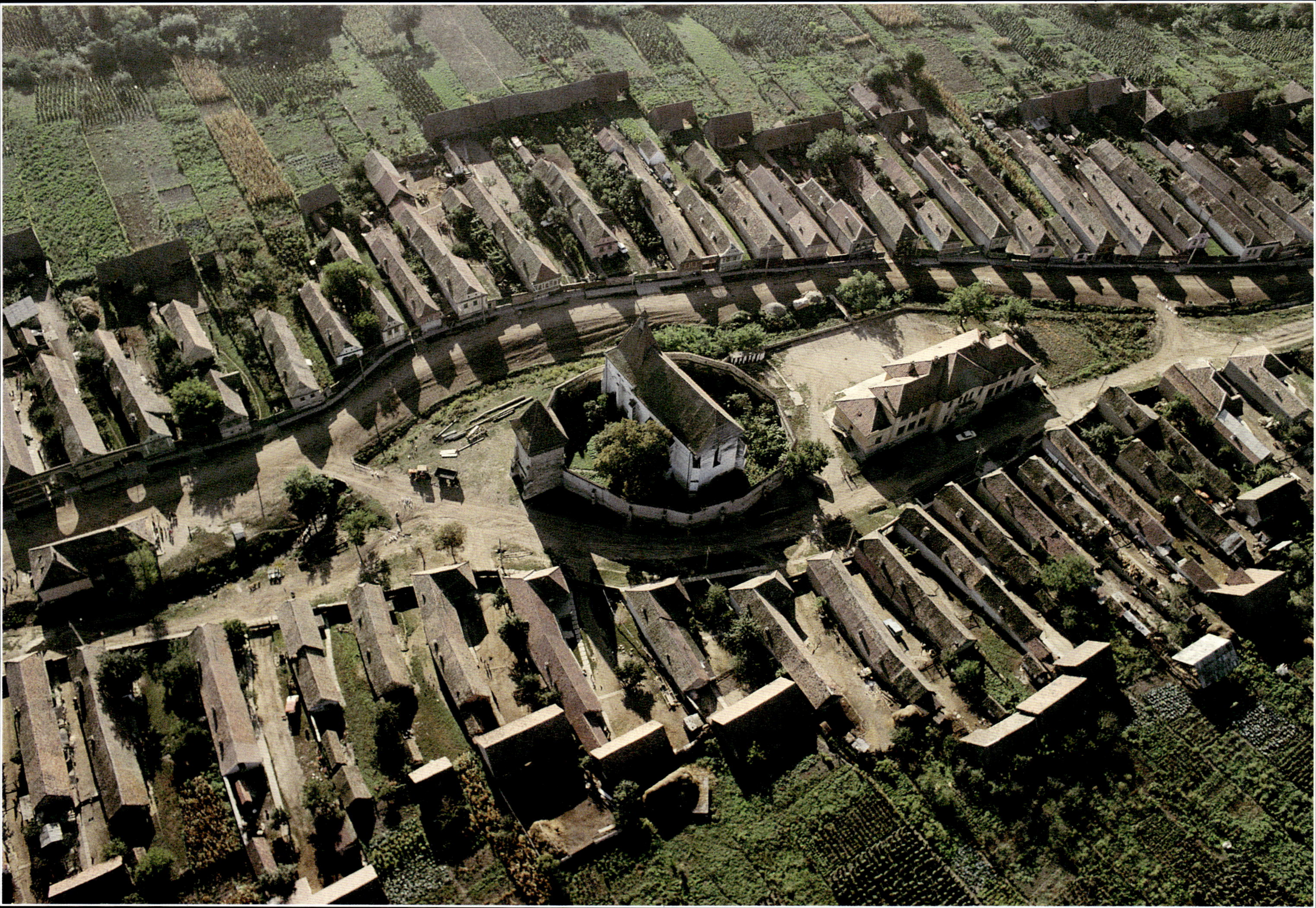

59 | Ortsmitte Großalisch

60 | Kirchenburg Scholten

61 | Kirchenburg Rode

62 | Höfe in Kleinlasseln

Das Zwischenkokel- und das Zekeschgebiet

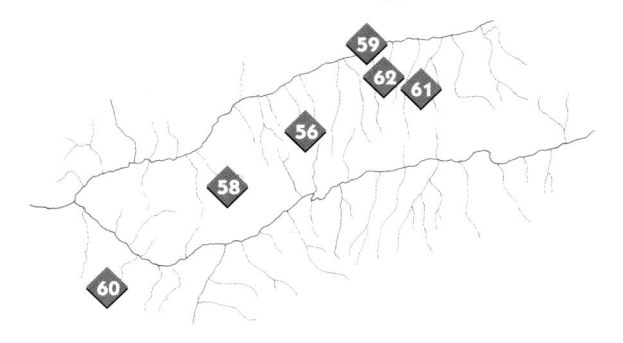

56 | Kirchenburg Bogeschdorf

In einem südlichen Seitental der Kleinen Kokel entstand auf der Nordseite des Straßendorfes die Bogeschdorfer Kirchenburg.
Die evangelische Kirche mit dem ungewöhnlich hohen Kirchenschiff und vorgebautem Glockenturm mit Walmdach hat je ein monumentales Portal im Süden und im Westen. Zur Ausstattung gehören ein gotischer Altar von Johannes Stoß (1518), ein Renaissancegestühl (1533) und anatolische Teppiche. Den ovalen, teilweise doppelten Bering verstärken ein Torturm und eine Bastei. Ein Teil der Ringmauer ist eingestürzt, Sanierungsmaßnahmen drängen. Die „Stiftung der Länder der Bundesrepublik Deutschland" stellte 1995 einen Betrag für umfassende Instandsetzungsmaßnahmen bereit.

57 | Im Anflug an die Kokeln

Der Innerkokler Höhenzug beherrscht das Zwischenkokelgebiet, dessen Westteil auch unter dem Namen Weinland bekannt ist. Auf breiten Bergrücken mit einer Höhe von rund 600 Metern wachsen Eichen- und Buchenwälder. Ausgedehnte Wiesen und Ackerflächen belegen die Täler, während die Südhänge dem Weinbau ideale Bedingungen bieten. Das gemäßigt kontinentale Klima begünstigt diesen nicht minder.
Die Weinlagen in Seiden, Bulkesch und Bogeschdorf gehören zu den besten Siebenbürgens.

58 | Ortskern Bonnesdorf

An einem Zufluß der Kleinen Kokel im Zwischenkokelgebiet entwickelte sich auf einem flachen Gelände das Straßendorf Bonnesdorf. Die ellipsenförmige Rückversetzung der beiden Häuserfronten ergab in der Ortsmitte einen Dorfplatz. Im Mittelalter war Bonnesdorf nacheinander Grundherrschaft mehrerer siebenbürgischer Adelsgeschlechter, zeitweilig auch Lehen der moldauischen Fürsten. An diese Zeit erinnert das Wappen der Moldau am Torturm. Die gotische Saalkirche mit geradem Chorschluß und Wehrgeschoß darüber wird durch eine kreisförmige Umfassungsmauer mit einem Torturm geschützt. Auf der Südseite des Dorfplatzes steht die ehemalige deutsche Schule.

59 | Ortsmitte Großalisch

Am Zusammenfluß des Marienburger mit dem Alischer Bach, einem nördlichen Zufluß der Großen Kokel, liegt die Ortsmitte von Großalisch. Die Winkel des dreischenkligen Angers gehen in drei Dorfstraßen mit zum Teil intakten Straßenfronten über. Sämtliche Hofanlagen am Anger sind zu der Kirchenburg ausgerichtet. Die polygonale Ringmauer, die bis auf geringe Höhe abgetragen wurde, verstärkte auf der Südostseite ein quadratischer Torturm mit zwei vorreformatorischen Glocken.
An den Turm schließt die Burghüterwohnung an. Die Kirche, eine turmlose Saalkirche mit polygonalem Chorschluß entstand im 15. Jahrhundert. Am Anger steht auch die ehemalige deutsche Schule.

60 | Kirchenburg Scholten

In einem weitläufigen Seitental der Großen Kokel im Zekesch-Hochland befindet sich die vormals grundherrliche Ortschaft Scholten. Auf einer Berglehne an der Hauptstraße entstand im 15. Jahrhundert eine gotische Saalkirche mit westlichem Glockenturm. Sie erhielt im folgenden Jahrhundert eine ovale Ringmauer mit Torturm. Um die Wende zum 20. Jahrhundert war die Kirche stark baufällig geworden. Der Glockenturm mußte wegen Einsturzgefahr abgetragen werden, seinen Dienst erfüllt heute ein hölzernes Türmchen auf der Südseite der Kirche. Die Umfassungsmauer ist größtenteils eingestürzt und dient als Steinbruch.

61 | Kirchenburg Rode

Am Maldorfer Bach, einem südlichen Zufluß der Kleinen Kokel, befindet sich auf der Ostseite der Hauptstraße die Kirchenburg des ehemals untertänigen Ortes Rode, eines der sogenannten ‚Dreizehn Dörfer' des Zwischenkokelgebietes. Die evangelische Kirche, eine Saalkirche mit schlankem Turm über dem westlichen Ende des Langhauses, entstand in der zweiten Hälfte des 18. Jahrhunderts. Etwas älter ist der Bering mit rechteckigem Grundriß und drei Wehrtürmen.
Ein zum Burghof abfallendes Ziegeldach deckt den Wehrgang ein, der heute als Lagerraum dient. Die Kirchenburg befindet sich in einem sehr guten Zustand.

62 | Höfe in Kleinlasseln

Kleinlasseln am Johannisdorfer Bach, einem südlichen Zufluß der Kleinen Kokel, entstand erst im 18. Jahrhundert als eine Gründung untertäniger Bauern des ungarischen Grafen Bethlen. Das Straßendorf, das dem Bachlauf folgt, besitzt keinen Anger.
Die meist giebelständigen Häuser bilden eine geschlossene Baufront zur Straße. Nur selten schließt eine Scheune die Hofanlagen in der Tiefe ab, was mit der Hauptbeschäftigung der Dorfbevölkerung, Wein- und Obstbau, zusammenhängt. In der Ortsmitte zweigt ostwärts ein Feldweg in die Weinberge ab.
An einer Berglehne hinter den Obstgärten steht die Saalkirche mit Glockenturm aus der zweiten Hälfte der 18. Jahrhunderts.

Das Fogarascher und das Repser Land

Das Fogarascher Land ist ein dünn besiedeltes, über 800 Quadratkilometer großes Gebiet. Hier erfolgte die Landnahme durch deutsche Siedler um das Jahr 1200.

Im Süden begrenzen es die nördlichen Ausläufer des Fogarascher Gebirges und der Alt, im Norden das Kokel-Hochland, im Osten der Geisterwald.

Das Repser Land liegt zu beiden Seiten der Wasserscheide zwischen Alt und Mieresch, am Schweinsbach entlang bis hin zu der Großen Kokel.

Im Norden schließt es die Homoroder Senke ein, im Osten reicht es bis zum Alt. Buchenwälder bedecken die vorwiegend bergige Landschaft, ausgedehnte Wiesen und Weiden die Täler. Die Bewohner leben vornehmlich von Ackerbau und Viehzucht, Weinbau ist hier nicht möglich.

63 | **Burg Fogarasch**

64 | Burg Reps

65   **Dorf und Kirchenburg Deutsch-Weißkirch**

Kirchenburg Hamruden

67 | Kirchenburg Radeln

68 | **Kirchenburg Kleinschenk**

69 | Kirchenburg Arkeden

70 | Wehrkirche Bodendorf

Das Fogarascher und das Repser Land

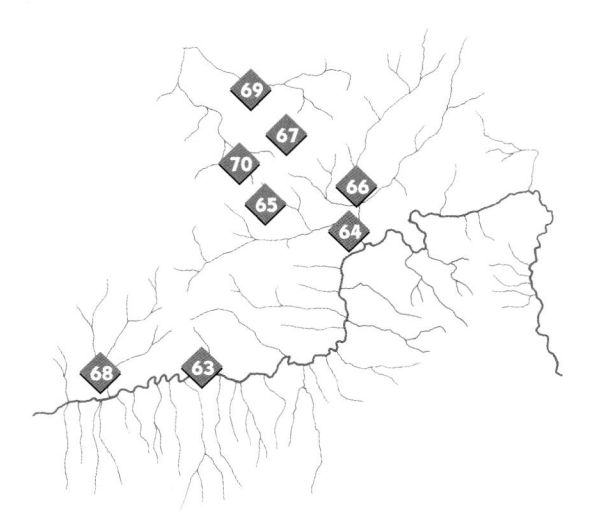

63 | Burg Fogarasch

Quellen nennen die auf dem südlichen Ufer des Alt gelegene Fogarascher Burg schon im Jahre 1310. Archäologisch sind auch Wehranlagen aus dem 10. Jahrhundert nachgewiesen. Ihre heutige Form erhielt die zum Schloß umgebaute Burg zwischen dem 15. und 17. Jahrhundert. Im 18. Jahrhundert kam noch die Vaubanbefestigung mit mächtigen Artilleriebasteien und Wassergraben hinzu. Das Schloß, im Grundriß ein unregelmäßiges Viereck, ist zweigeschossig mit Renaissance-Rahmen an Türen und Fenstern. Freitreppen und eine zweigeschossige Loggia gliedern den Raum des Innenhofs. Zeitweilig war die Festung Sitz des siebenbürgischen Fürsten, heute beherbergt sie ein historisches Museum und eine Gaststätte.

64 | Burg Reps

Westlich von Reps, weithin sichtbar, auf einem Basaltkegel, wächst unmittelbar aus dem Felsen die Burgruine von Reps. Die Anlage entstand als Fliehburg in mehreren Etappen zwischen dem 14. und 17. Jahrhundert; überdies sollte sie den strategisch wichtigen Verbindungsweg nach Mittelsiebenbürgen sichern. Die vierfachen Ringmauern sind dem Gelände angepaßt und umgrenzen so die Obere, die Mittlere und die Untere Burg. Mehrere polygonale Basteien, Türme und Tore zwischen den Burgabschnitten befestigen zusätzlich die Anlage.
Im Inneren der Burg befanden sich mehrere Bauten: Speckturm, Militärmagazine, Königs- und Stuhlrichterstube sowie eine Kapelle. Die Dächer und Wehrgänge fielen einem Orkan im Jahre 1790 zum Opfer.

65 | Dorf und Kirchenburg Deutsch-Weißkirch

Der abgeschiedenen Lage weitab von Fernverkehrsstraßen verdankt es Deutsch-Weißkirch, daß mittelalterliche Siedlungsstruktur, Bausubstanz und Kirchenburg intakt geblieben sind. Das Straßendorf hat eine Hauptstraße und zwei Nebengassen, die Kirch- und die Neugasse, die zu der auf einer Anhöhe gelegenen Kirchenburg führen. Entlang der breiten Hauptstraße fließt ein Bach von Westen nach Osten. Die schmalen, regelmäßig angelegten sächsischen Bauernhöfe bestehen zumeist aus giebelständigem Wohnhaus mit Walm- oder Krüppelwalmdach, Anbauten, Stall und Scheune.
Zur Straße hin bilden die Häuser mit den Torbogen eine geschlossene Baufluchte; das gleiche Bild erzeugen die quergestellten Scheunen an der Hinterseite der Hofanlagen.

66 | Kirchenburg Hamruden

Inmitten des Dorfangers von Hamruden steht eine der markantesten Kirchenburgen des Repser Gebiets. Die Anlage geht auf eine dem hl. Petrus geweihte romanische Saalkirche mit westlichem Turm aus dem 13. Jahrhundert zurück. Im 15. und 16. Jahrhundert fanden umfangreiche Umbauten statt. Ein massiver Turm wurde über dem Chor hochgezogen, ein neuer Chorraum auf der Südseite an den Saal angebaut; ein im Grundriß rechteckiger Bering mit Torturm und vier hervorspringenden Türmen mit Pultdächern entstand um die Kirche, ein zweiter, turmloser, umschloß den inneren Bering.

Von dem Vorgängerbau bewahrt die Chorwand die ältesten Wandmalereien Siebenbürgens: Christus in der Mandorla und Szenen aus der Apostelgeschichte.

67 | Kirchenburg Radeln

An einem nördlichen Zufluß des Saubachs, der in die Große Kokel mündet, in einem landschaftlich reizvollen Talkessel inmitten bewaldeter Berge, entfaltete sich der Ort um den Burgberg.
Auf der Anhöhe errichtete die Dorfgemeinschaft im 14. Jahrhundert eine Saalkirche mit polygonalem Chorschluß und Westturm. Im 15. und 16. Jahrhundert wurde das Kirchenschiff erhöht und darüber ein Wehrgeschoß errichtet; es entstand zudem eine Sakristei und, durch Umbau des Westturms, ein fünfgeschossiger Wehrturm. Gleichzeitig wurde eine ovale Ringmauer mit Wehrgang, Torturm und vier Türmen um die Kirche gelegt - mit einer Verdoppelung des Berings auf der Südostseite. Der spätgotische Flügelaltar, ein Schreinaltar mit den beiden Johannes-Statuen, gehört zu den wertvollsten Bildwerken der Veit-Stoß-Zeit in Siebenbürgen.

68 | Kirchenburg Kleinschenk

Am Ostende des dreischenkligen Dorfplatzes, auf einer Terrasse des Alt steht die Kirchenburg von Kleinschenk mit vieleckigem Bering, vorspringenden Türmen und dem Torturm. Als Baumaterial dienten Steine eines nahe gelegenen römischen Castrums. Der Südseite ist eine zweite Mauer vorgelagert, die einen Zwinger umschließt. Mit Außnahme des Nordturms besitzen die Mauertürme Fachwerkwehrgänge.
Die Umfassungsmauern umschließen eine Saalkirche mit polygonalem Chorschluß und Westturm, letzterer mit einer vorreformatorischen Glocke aus dem Jahre 1489.
Ein englischer Reisender des 19. Jahrhunderts berichtet von einen Brunnen und eine Mühle im Burghof.

69 | Kirchenburg Arkeden

Am Arkedener Bach, einem südlichen Zufluß der Großen Kokel, am Fuße des Riesenbergs, erhebt sich auf der Ostseite des dreieckigen Marktplatzes von Arkeden die imposante Kirchenburg mit sieben Befestigungstürmen. Die gotische Saalkirche mit fünfgeschossigem Glockenturm wurde im 16. Jahrhundert wehrhaft gemacht. Dabei erhielt die Kirche ein Wehrgeschoß über Saal und Chor, eine Sakristei sowie einen doppelten Bering mit Wehrgang, rechteckig im Grundriß, mit Ecktürmen und einem Torturm an der Westseite. An letzteren schließen Burghüterwohnung und das "Alte Rathaus" an.
Im Jahre 1748 zerstörte ein Großbrand die Kirchenburg und fast das gesamte Dorf. Der Wiederaufbau zog sich bis gegen Ende des 18. Jahrhunderts hin.

70 | Wehrkirche Bodendorf

Am Saubach, in einem südlichen Seitental der Großen Kokel, entstand die Ortschaft Bodendorf an der Verbindungsstraße Schäßburg - Reps. Die Kirchenburg befindet sich in einer Nebengasse am südwestlichen Dorfende. Bei ihrer Gründung im 14. Jahrhundert war die Bodendorfer Kirche eine Pfeilerbasilika; Befestigung und Umbauten im 16. Jahrhundert gaben ihr das heutige Aussehen. Seitenschiffe und Sakristei mußten weichen, die Kirche erhielt ein Wehrgeschoß, wobei der Westturm in den Saal einbezogen wurde. Den vieleckigen Bering mit Torwehre und drei vorspringenden Türmen mit Pultdächern ergänzte auf der Südseite eine zweite, vorgelagerte Mauer, die einen Zwinger einschloß. Der weiße Putz der Kirche und der neuklassizistische Glockenturm machen von weitem auf das Bauwerk aufmerksam.

Das Burzenland

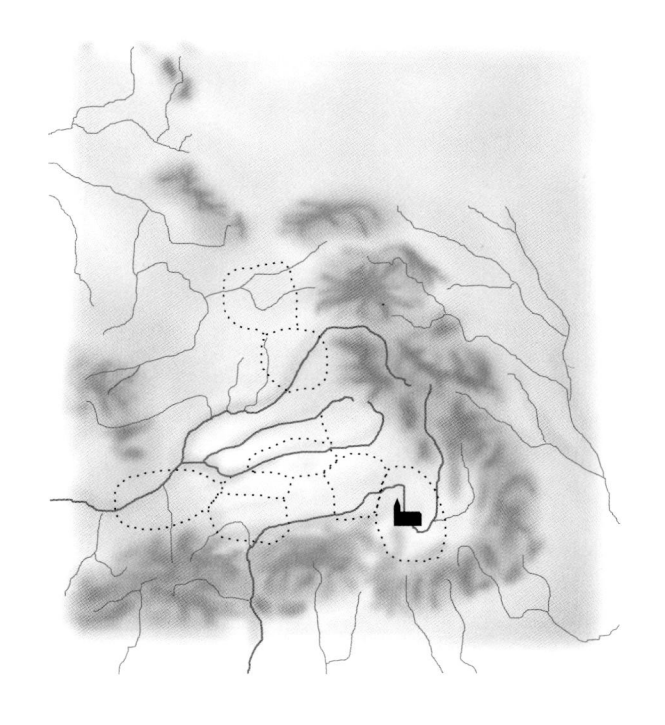

Am südöstlichen Karpatenbogen, von Gebirgen umwallt, liegt das siedlungsgeschichtlich bedeutsame Burzenland. Das geographisch geschlossene Gebiet entspricht in etwa der gleichnamigen tektonischen Senke. Die Nordgrenze bildet der Oberlauf des Alt. Die Gebirge am Ost-, Süd- und Westrand tragen Buchenwälder, Bergwiesen leiten zum Nadelwald über. In der fruchtbaren Ebene gedeihen Futterpflanzen, Gerste, Kartoffeln und Zuckerrüben.

Im Jahre 1211 fiel das Burzenland als zeitweiliges Lehen an den Deutschen Ritterorden. Mit Hilfe deutscher Siedler gründete dieser mehrere Ortschaften und fünf Burgen. Zum Hauptort des Burzenlandes stieg im 14. Jahrhundert Kronstadt auf. Im Mittelalter vor allem Handwerker- und Handelsstadt, entwickelte sich Kronstadt im 20. Jahrhundert zu einem der wichtigsten Industriestandorte Siebenbürgens.

71 | Dorf und Kirchenburg Petersberg

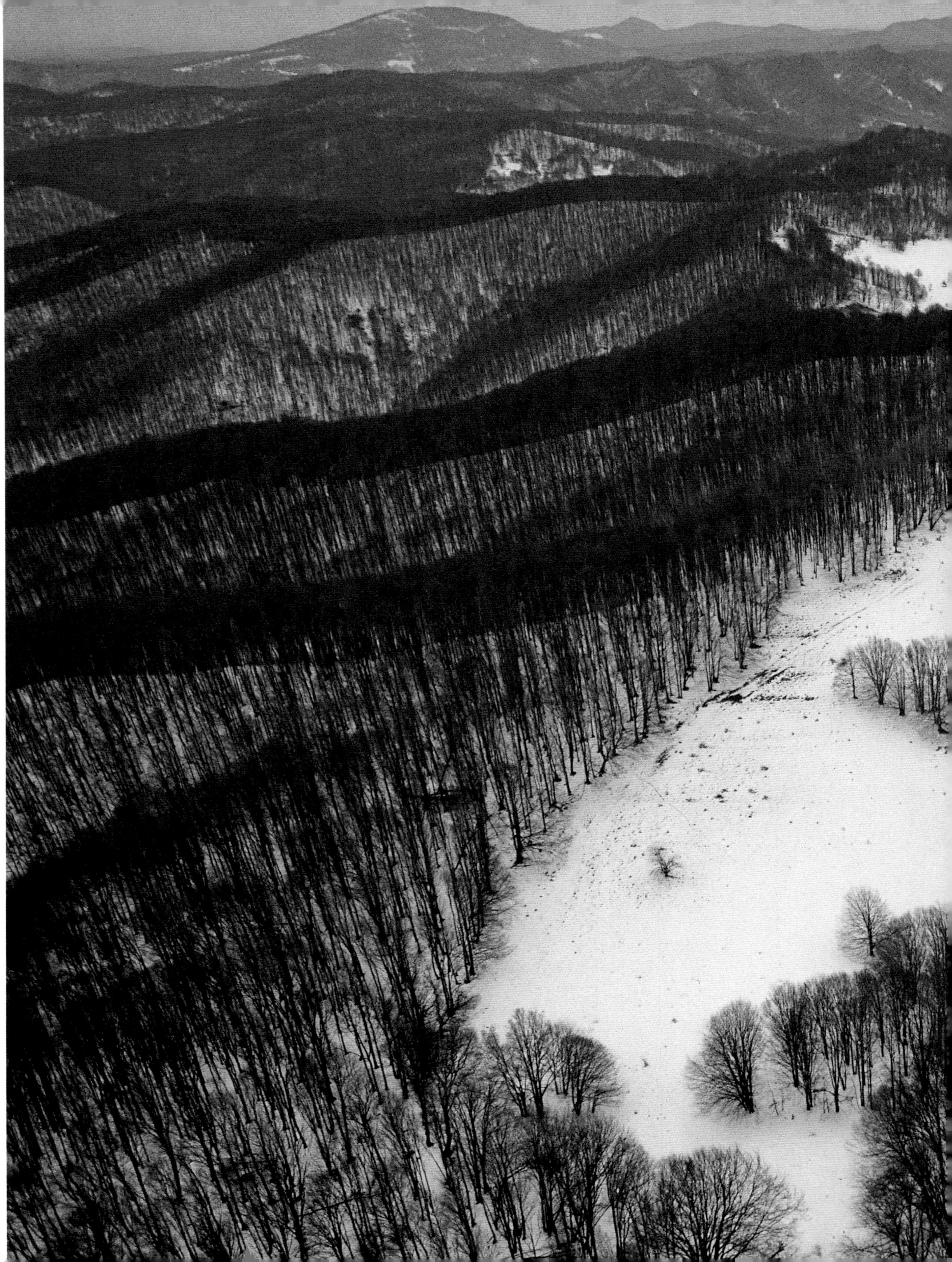

72 | Winter in den Perschaner Bergen

73 | **Stadtkern Kronstadt**

74 | **Stadtkern Kronstadt**

75 | **Kirchenburg Weidenbach**

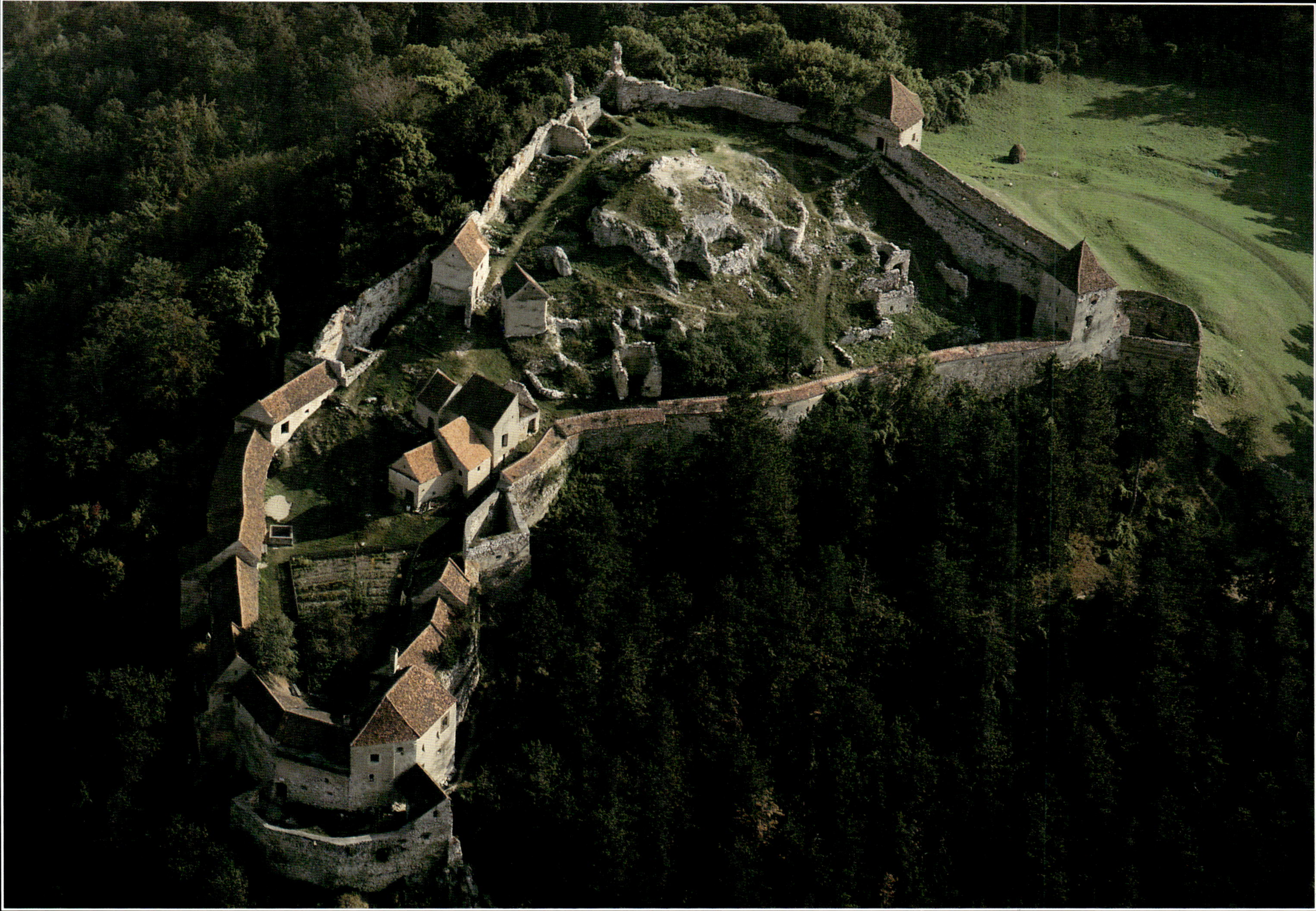

76 | **Burg Rosenau**

77 | Kirchenburg Honigberg

78 | Kirchenburg Honigberg

79 | Kirchenburg Wolkendorf

Das Burzenland

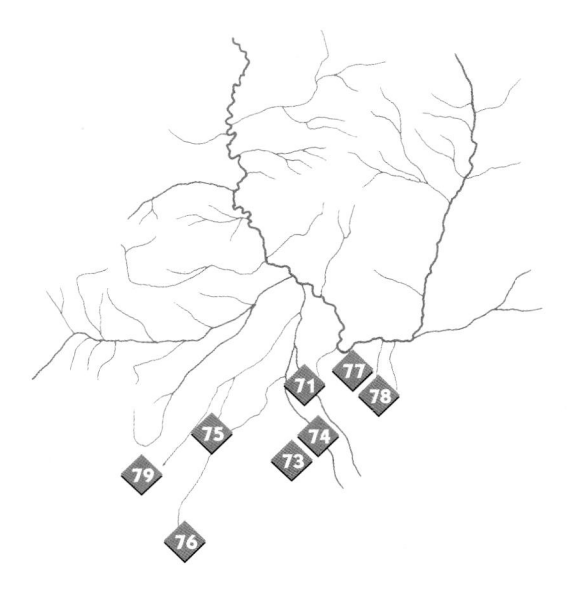

71 | Dorf und Kirchenburg Petersberg

Am Fuße des Leimpesch-, des Talinen- und des Zerbesbergs erstreckt sich der Ort Petersberg entlang zweier paralleler Straßenzüge. Wie in allen sächsischen Ortschaften des Burzenlands befindet sich die Kirchenburg am Dorfanger. Der Abbruch der frühgotischen Basilika erfolgte 1794 wegen Baufälligkeit. Schon drei Jahre später stand der klassizistische Neubau, der Glockenturm kam im Jahre 1820 hinzu. Die gut erhaltene Kirchenburg mit dreifachem Bering, verstärkt mit vier Wehrtürmen, birgt im Nordosten eine Kapelle mit gotischer Wandmalerei. Nach der politischen Wende von 1989 führte die Gemeinde, unterstützt durch die Petersberger Heimatortsgemeinschaft in Deutschland, Instandsetzungsarbeiten durch.

72 | Winter in den Perschaner Bergen

Das Perschan-Gebirge trennt zwei Kontaktsenken, die Fogarascher Senke und die Burzenländer Senke.
Dieses Vorgebirge erreicht eine Höhe von bis zu 1300 Metern; es besteht aus dem sogenannten Geisterwald im Norden und dem Zeidner Berg im Süden, getrennt vom Durchbruch des Altflusses. Dieses breit hingelagerte, wegen des Quellenreichtums stark zertalte Mittelgebirge stellt die Verbindung zwischen Fogarascher- und Hargitta-Gebirge her. Endlose Buchenwälder sind nur selten von Eichen-, Hasel- und an der Obergrenze zu den Südkarpaten von Nadelwald gesäumt.
In diesen Wälder leben Rotwild, Wildschweine, Wölfe, Wildkatzen, Marder, und andere Wildarten.

73 | 74 | Stadtkern Kronstadt

Die Nähe der Karpatenpässe, und somit der wichtigsten südosteuropäischen Verkehrswege begünstigte die wirtschaftliche Entwicklung Kronstadts zur zeitweise bedeutendsten Fernhandelsstadt Siebenbürgens im Mittelalter.
Das spätere Kronstadt ging aus mehreren, ursprünglich gesonderten Siedlungen hervor: Obere Vorstadt, Bartholomä, Martinsberg und Innere Stadt.
Der mittelalterliche Stadtkern entspricht der Inneren Stadt. Diese entstand auf der Talsohle, begrenzt von den Ausläufern des Schulers.
Den Kern der Inneren Stadt bildeten der Kirchhof um den Vorgängerbau der Schwarzen Kirche, der im Norden anschließende Marktplatz, die Kloster-, die Purzen-, die Schwarz- und die Burggasse.
Dieser Grundriß erhielt sich in den Hauptzügen bis heute.
Am Kirchhof stehen das evangelische Stadtpfarrhaus und das Honterus-Gymnasium, mitten auf dem Marktplatz das Alte Rathaus.
Das Wahrzeichen Kronstadts, die Schwarze Kirche, gilt als der bedeutendste gotische Kirchenbau Südosteuropas. Der Baubeginn der Hallenkirche mit westlichem Glockenturm fällt in das Jahr 1385, ihre Vollendung in das dritte Viertel des 15. Jahrhunderts. Trotz der vorgesehenen Doppelturmanlage im Westen blieb es bei einem Turm, an den sich eine dreischiffige, sechsjochige Halle mit zweieinhalbjochigem Chor anschließt.
Die Strebepfeiler im Chorbereich tragen Plastiken. Im 18. Jahrhundert erhielt der Bau Emporen, ein neues Gewölbe und eine neue Innenausstattung.
Das Erdbeben im Jahre 1977 zog den Bau stark in Mitleidenschaft.

Auf Initiative der Rheinischen Landeskirche begannen in den siebziger Jahren umfassende, vom Lutherischen Weltbund koordinierte und finanzierte Restaurierungsarbeiten, die voraussichtlich 1999 beendet sein werden.

75 | Kirchenburg Weidenbach

Westlich von Kronstadt, an der südlichen Hauptverkehrsstraße nach Hermannstadt, entstand am Weidenbach, einem südlichen Nebenfluß des Alt, das Dorf gleichen Namens. Die Peterskirche, eine dreischiffige Basilika mit westlichem Glockenturm aus dem 13. Jahrhundert, erfuhr im Zuge der Befestigung im 15. Jahrhundert bauliche Veränderungen. Die Umfassungsmauer ist vieleckig, hat vorspringende Türme mit Pultdächern und im Südosten einen Torturm. Außen bildete ein zweiter, turmloser Mauergürtel einen Zwinger; ein Wassergraben umgab die gesamte Anlage. 1995 stellte die Stiftung der Länder der Bundesrepublik Deutschland einen Betrag für die umfassende Restaurierung bereit.

76 | Burg Rosenau

Auf einem westlichen Ausläufer des Schulergebirges erhebt sich auf einem Kalkfelsen die Burg von Rosenau. Vermutlich geht die Anlage auf den Deutschen Ritterorden zurück.

Die Umfassungsmauer paßt sich den Unregelmäßigkeiten des Geländes an und ist bis zu ihrem jetzigen Umfang erst allmählich gewachsen. Die Festung besteht heute aus der eigentlichen Burganlage und aus der Vorburg. Der Zutritt erfolgt durch das sogenannte "Eiserne Tor". An der Ringmauer verläuft ein überdachter Wehrgang mit Brustwehr beziehungsweise Zinnen, hinzu kommen mehrere Türme. Im Burghof befanden sich Vorratshäuschen, ein Schulhaus, eine Kapelle und ein Brunnen.

77 | 78 | Kirchenburg Honigberg

Inmitten des weiten Dorfplatzes steht eine der schönsten Kirchenburgen Siebenbürgens. Umbauten im 14. und 15. Jahrhundert gaben der ursprünglich romanischen Pfeilerbasilika aus dem 13. Jahrhundert ihre heutige Form: eine dreischiffige Basilika mit hohem Glockenturm.

Die Wehranlage entstand zwischen dem 13. und 17. Jahrhundert: eine zwölf Meter hohe Ringmauer mit Zwinger und überdachtem Wehrgang, sieben Türme, ein Wassergraben mit Zugbrücke. Hofseitig liegen ihr Vorratskammern an. Ebensolche kleben auch am südlichen Seitenschiff wie Schwalbennester unter dem Dach, nur über hohe Leitern zugänglich. Im östlichen Teil der Anlage steht eine vorreformatorische Kapelle mit gotischer Wandmalerei, deren Hauptthema das "Jüngste Gericht" ist.

79 | Kirchenburg Wolkendorf

Westlich von Kronstadt, in der flachen Burzenländer Ebene, die Perschaner Ausläufer im Hintergrund, liegt am Neugraben, einem Zufluß des Burzenbachs, die kleine Ansiedlung Wolkendorf. An der Hauptstraße, die zum Dorfanger führt, errichteten die Wolkendorfer im 13. Jahrhundert eine romanische Kirche, die sie im 15. Jahrhundert zu einer gotischen Saalkirche umbauten. Der Westturm stammt aus dem Barock. In der ersten Hälfte des 15. Jahrhunderts begannen sie mit dem Bau der Kirchenburg. Der mit Türmen bewehrte Bering besteht aus im rechten Winkel aufeinanderstoßenden West- und Südmauern, deren Enden eine Bogenmauer verbindet. Hofseitig entstanden Vorratskammern. An die Westseite der Kirchenburg wurde im vorigen Jahrhundert das Rathaus angebaut.

Das Reener Ländchen

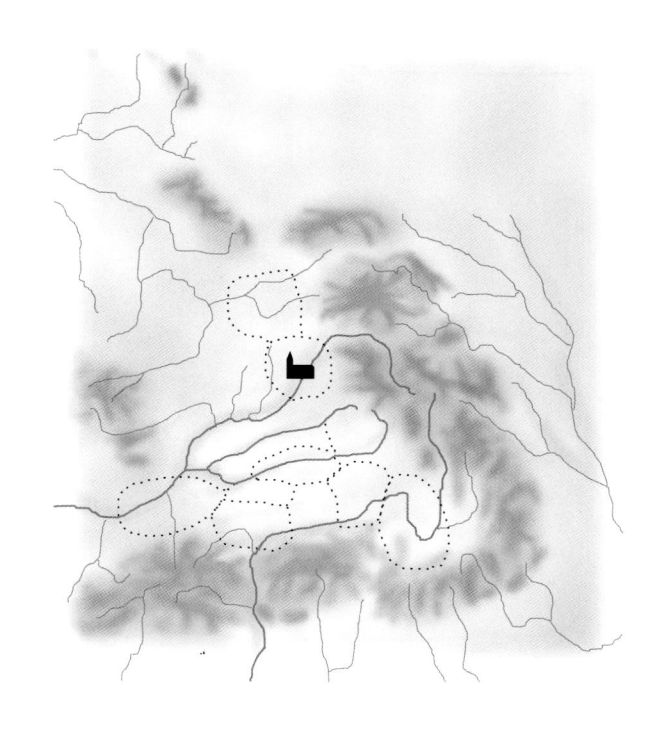

Für Reen und die umliegenden Ortschaften ist das Datum der sächsischen Ansiedlung nicht bekannt, vermutlich aber noch in das 12. Jahrhundert anzusetzen. Das Reener Ländchen entspricht geographisch der Senke am östlichen Rande der Siebenbürgischen Heide am Oberlauf des Mieresch. Bis zu 700 Meter hohe Berge umgeben die Ebene. Eichenwälder bedecken die Berge, in Lichtungen dehnen sich steppenartige Wiesen aus.

Die Bewohner der Region lebten von Ackerbau und Viehzucht, von Obstbau und Forstwirtschaft. Wirtschaftliches Zentrum ist die Stadt Sächsisch Reen.

80 | **Dorf und Kirche Deutsch-Zepling**

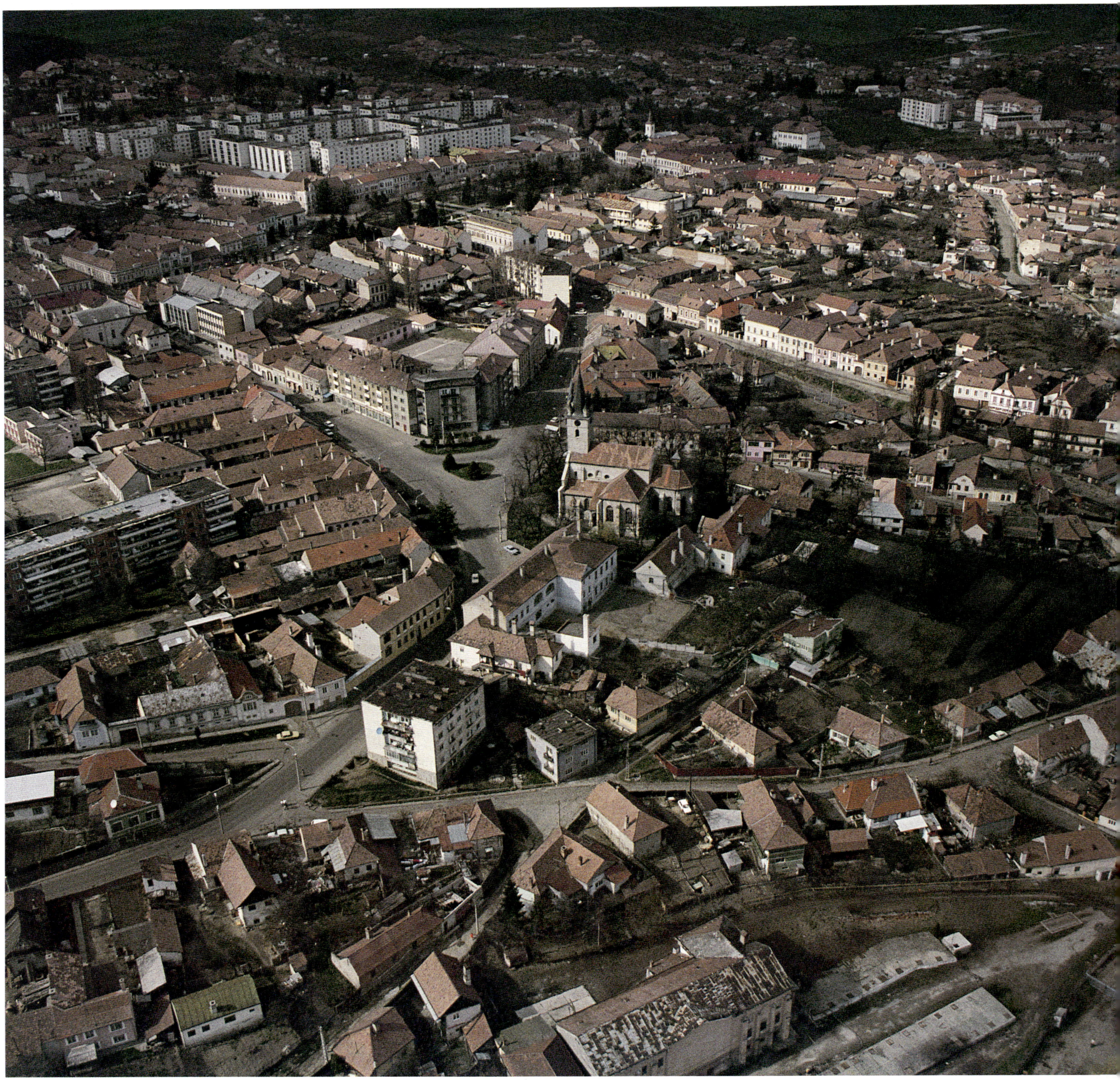

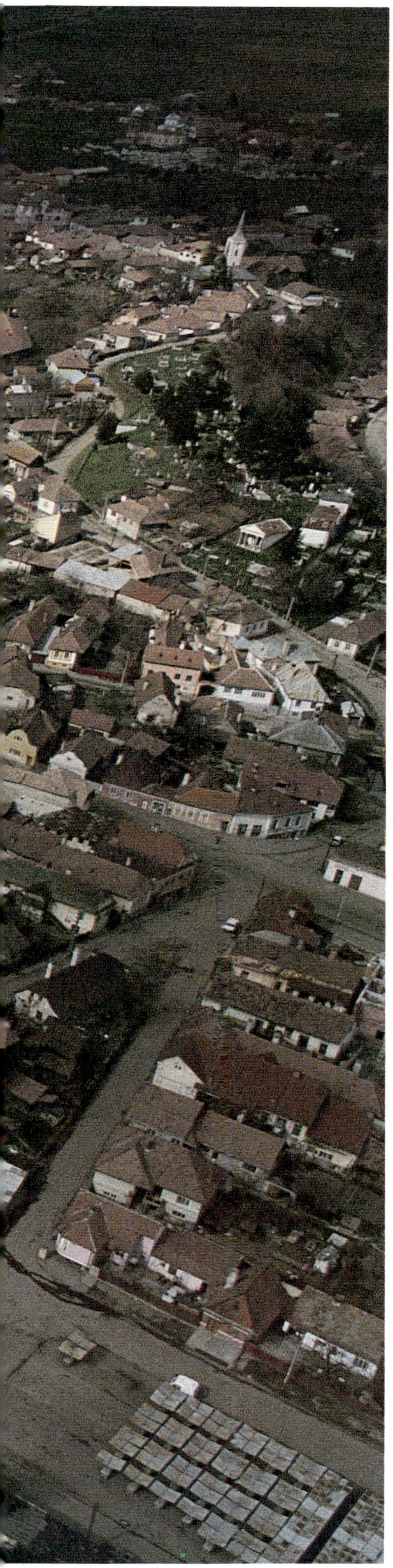

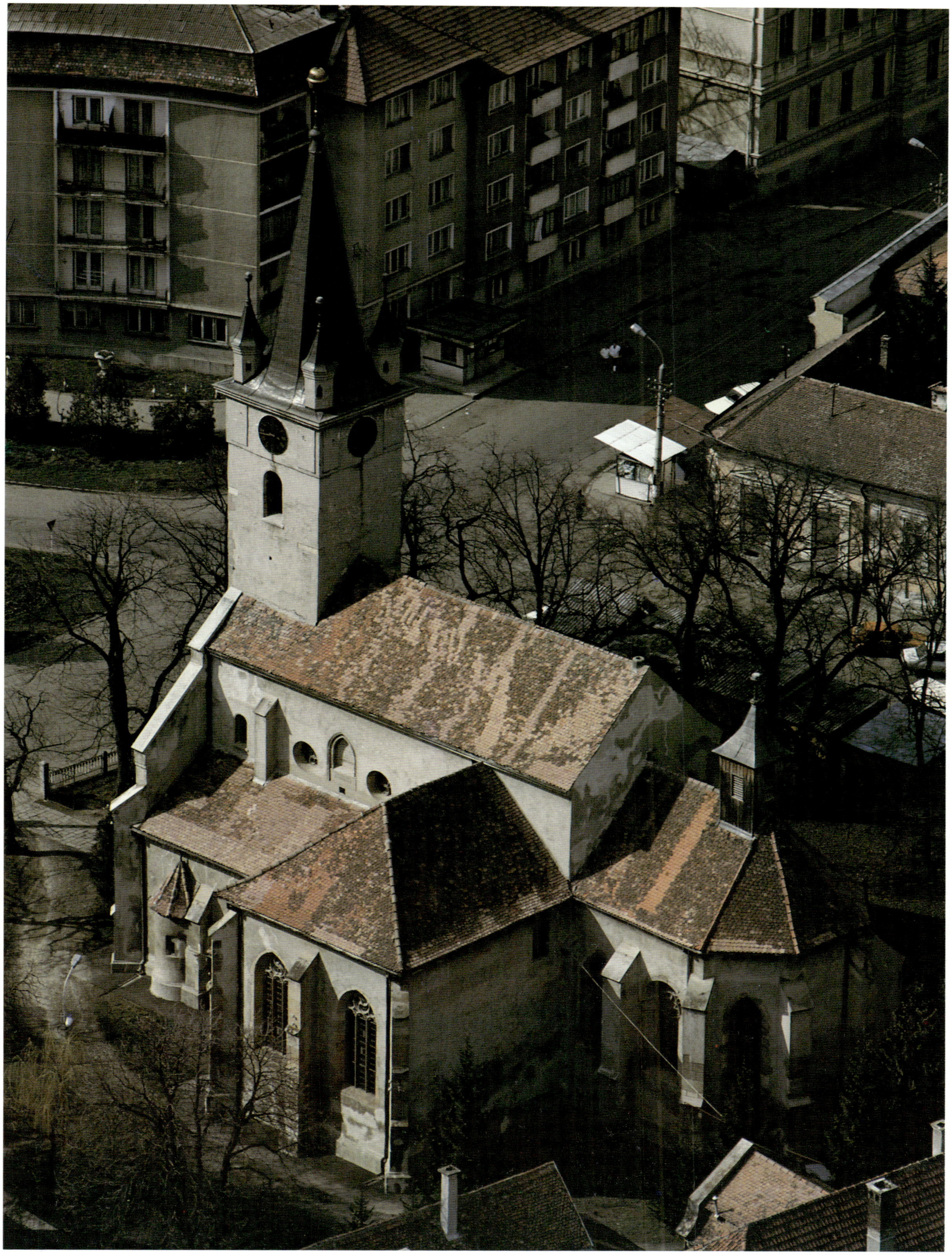

◀◀ 81
Stadt Sächsisch-Reen

◀ 82
Pfarrkirche
Sächsisch-Reen

83
Kirchenburg Botsch

84 | Dorfkirche Birk

85 |
Dorfkirche
Niedereidisch

Das Reener Ländchen

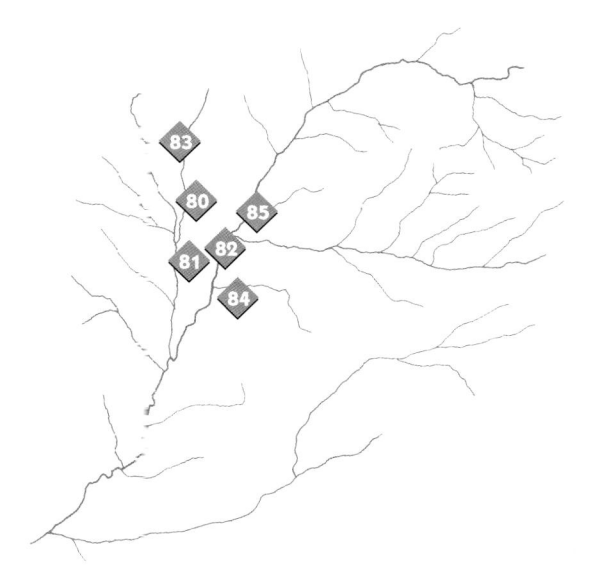

80 | Dorf und Kirche Deutsch-Zepling

In der Reener Senke, am wichtigsten dortigen Zufluß des Mieresch, dem Lutzbach, ist Zepling auf ursprünglichem Königsboden gegründet worden, geriet jedoch später in Untertänigkeit. Unter anderen Grundherrschaftern war Zepling Besitz der ungarischen Grafen Bánffy. Die Ortschaft zeigt einen kreuzförmigen Plan. An den schmalen, länglichen Gehöften fällt auf, daß es fast keine Scheunen gibt und daß sie in langgestreckte Gärten übergehen: ein Hinweis auf die Hauptbeschäftigung der Zeplinger, den Obstbau. In der Ortsmitte, auf einer Berglehne an der Schulgasse, steht die evangelische Kirche. Ein Vorgängerbau wurde 1873 abgetragen, der Neubau zwischen 1882 und 1884 mit Unterstützung des Gustav-Adolf-Vereins errichtet. Heute wird die Kirche ökumenisch genutzt.

81 | Stadt Sächsisch-Reen

Der Marktort am Oberlauf des Mieresch wird 1228 schriftlich erwähnt. Obwohl sich Sächsisch-Reen auf Adelsboden befand, besaß es im Mittelalter Sonderrechte, insbesondere bezüglich der Flößerei, Holzverarbeitung und Schnapsbrennerei. Die heutige Bausubstanz datiert zum größten Teil nach 1849, als die Stadt in den Wirren der Revolution fast ganz niederbrannte. Vom Marktplatz streben die Straßen strahlenförmig auseinander. Die Nordwestseite des Marktplatzes weist noch eine geschlossene Bauflucht auf, die zum Teil aus dem 18. Jahrhundert stammt - eine der wenigen Reste der alten Bausubstanz.

82 | Stadtpfarrkirche Reen

Am oberen Rande des Steilabfalls zum Mieresch steht die evangelische Kirche. Möglicherweise hatte die gotische Kirche aus dem 14. Jahrhundert einen Vorgängerbau. Ihr Stifter war Magister Thomas von Regen. An das südliche Seitenschiff der dreischiffigen Basilika mit Westturm, Emporen, Sakristei, mit polygonalem Chorschluß und reicher gotischer Bauplastik wurde die sogenannte Laurentiuskapelle angebaut. Der Großbrand im Jahre 1848 zerstörte die gesamte Innenausstattung der Kirche; Ersatz erfolgte vollständig in den folgenden Jahren. Bei der Aufstockung erhielt der Westturm ein Blechdach. In der Pfarr- und in der Schulgasse sind noch Spuren der einstigen Wehranlage zu erkennen. Die Kirchenburg wurde 1857 abgetragen.

83 | Kirchenburg Botsch

Nördlich von Reen, an einer Landstraße im Lutztal, liegt Botsch. Die Kirche geht auf einen Vorgängerbau, eine gotische, dreischiffige Kirche aus dem 14. Jahrhundert, zurück. Das heutige, barocke Aussehen verdankt der Sakralbau den Umbauten zur turmlosen Hallenkirche mit Emporen in den Jahren 1781 bis 1782. Ein ovaler Bering umgab die Kirche. Aus einem Wehrturm entstand der heutige Glockenturm nach mehreren Umbauten. Eine Steinplatte trägt die Jahreszahl 1669. Der Knickhelm erhielt 1925 sein Blechkleid. Die Umfassungsmauer wurde bis auf eine Höhe von etwa zwei Metern abgebrochen; an die Nordostseite der Ringmauer kam als Anbau das Pfarrhaus zu stehen.

84 | Dorfkirche Birk

Birk ist die südlichste Ortschaft des Reener Ländchens. In der Ortsmitte des Straßendorfs, an der Nordseite der Niedergasse, steht die evangelische Kirche. Von einem Vorgängerbau stammen das frühgotische Westportal und Spuren einer Sakristei auf der Nordseite. Umbauten in den Jahren 1830 und 1872 ergaben eine Saalkirche mit Empore, polygonalem Chorschluß und Vorbau über dem Südportal. Der quadratische Glockenturm ist der Westfassade vorgesetzt und trägt einen blechgedeckten Knickhelm.
Im Glockenstuhl hängen zwei Glocken, eine aus dem 18. Jahrhundert und die andere aus dem Jahre 1934.

85 | Dorfkirche Niedereidisch

Am Oberlauf des Mieresch, nordöstlich von Reen, auf einer flachen Terrasse des Flusses, wurde Niedereidisch gegründet.
Ein Großbrand zerstörte im Jahre 1868 die mittelalterliche Kirche in der Ortsmitte weitgehend. Beim Wiederaufbau mit Hilfe des Gustav-Adolf-Vereins entstand 1876 eine Saalkirche mit in das Kirchenschiff eingebautem Glockenturm und polygonalem Chorschluß. Die Innenausstattung stammt größtenteils aus der zweiten Hälfte des 19. Jahrhunderts.
Im Westturm hängt eine Glocke aus dem Jahre 1664. Heute benutzen auch andere Glaubensgemeinschaften die Kirche.

Das Nösnerland

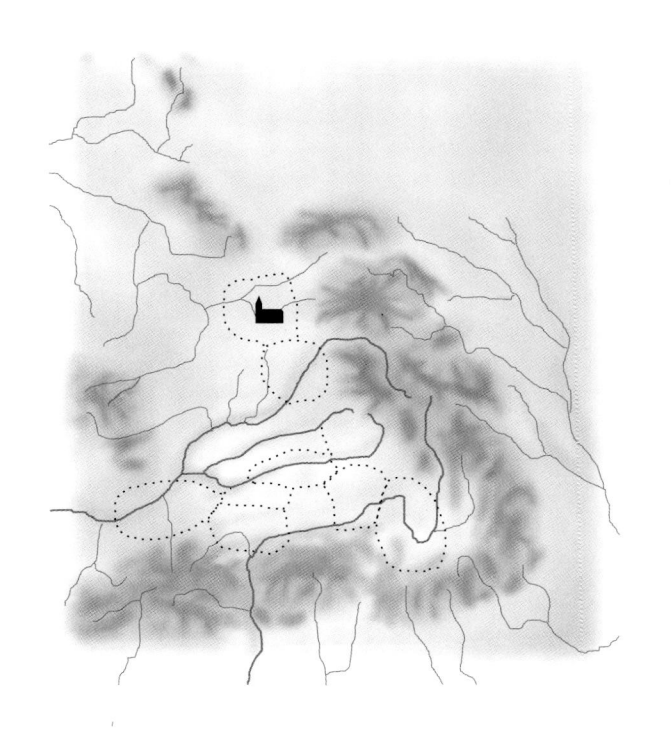

Das nördlichste Siedlungsgebiet der Sachsen in Siebenbürgen leitet seinen Namen von Nösen ab, der alten Bezeichnung der Stadt Bistritz. Die Kolonisierung des Nordens von Siebenbürgen durch zum Teil bayerische Siedler zog sich über das 12. und vor allem das 13. Jahrhundert hin. Geographisch umfaßt das Nösnerland die Bistritzer Berge, die Ausläufer des Călimani-Gebirges und den nordöstlichen Teil der Siebenbürgischen Heide. Mittelpunkt der Landschaft ist die Stadt Bistritz, die von einer Handels- und Handwerkerstadt zur Industriestadt herangewachsen ist. Die dörflichen Siedlungen befinden sich in den Tälern des Schogener, Budak-, Dürr- und Lechnitzer Baches. Eichenwälder bekleiden die Hänge der Vorgebirge der Ostkarpaten. In den Tälern liegt fruchtbares Ackerland, zu Viehzucht und Weinbau gesellt sich intensiver Obstbau.

86 | Winter in Auen

87 | Stadtkern Bistritz

Stadtpfarrkirche Bistritz

89 | Kallesdorf: Schloß Bethlen

Kirchenburg Lechnitz

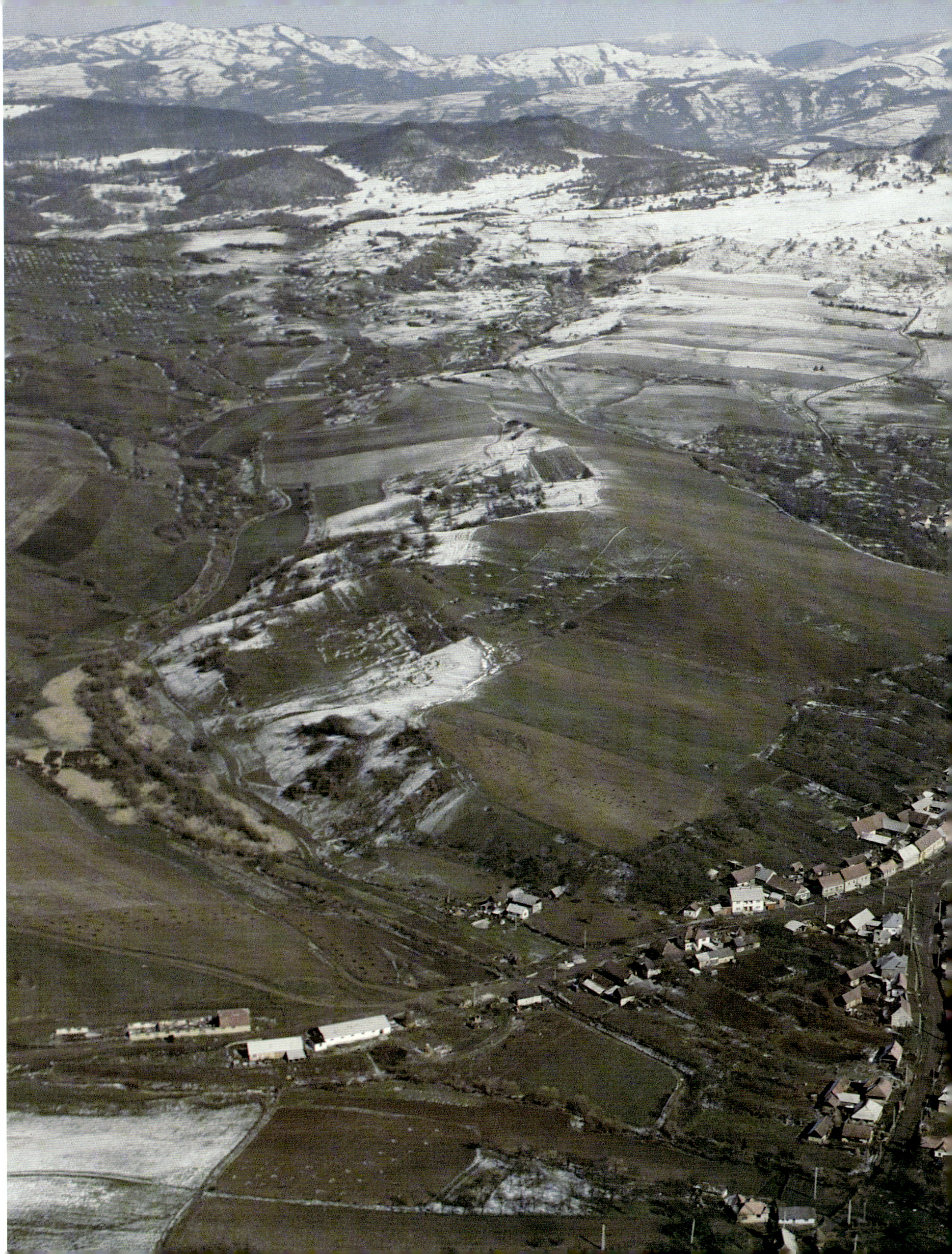

91 |
Dorf und Kirche
Pintak

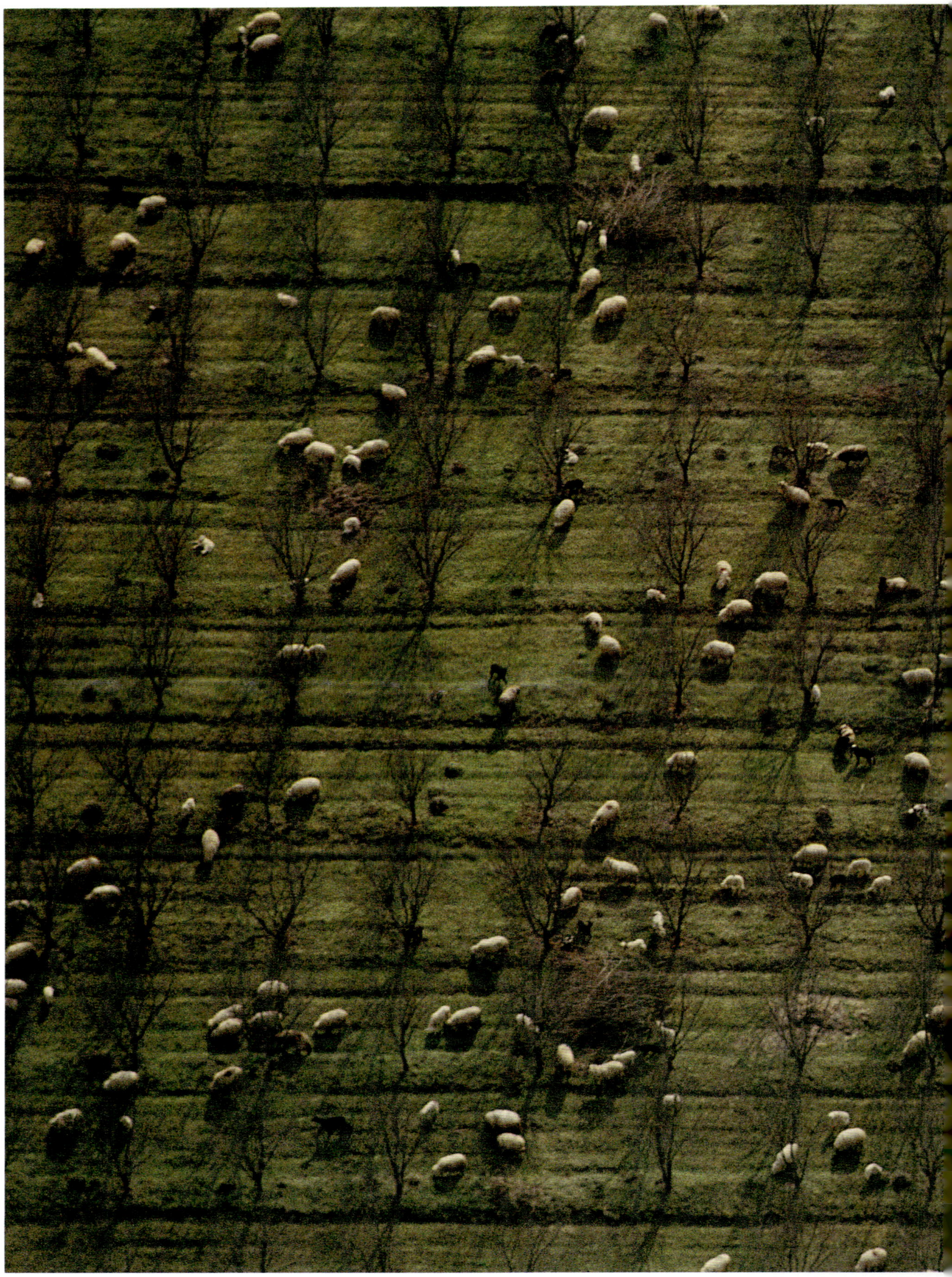

92 |
In einer Obstplantage
bei Bistritz

93 | Gutshof Paßbusch

94 | Abendliche Schafmelke

Dorfkirche Mettersdorf

96 | Rundkirche Minarken

Jaad

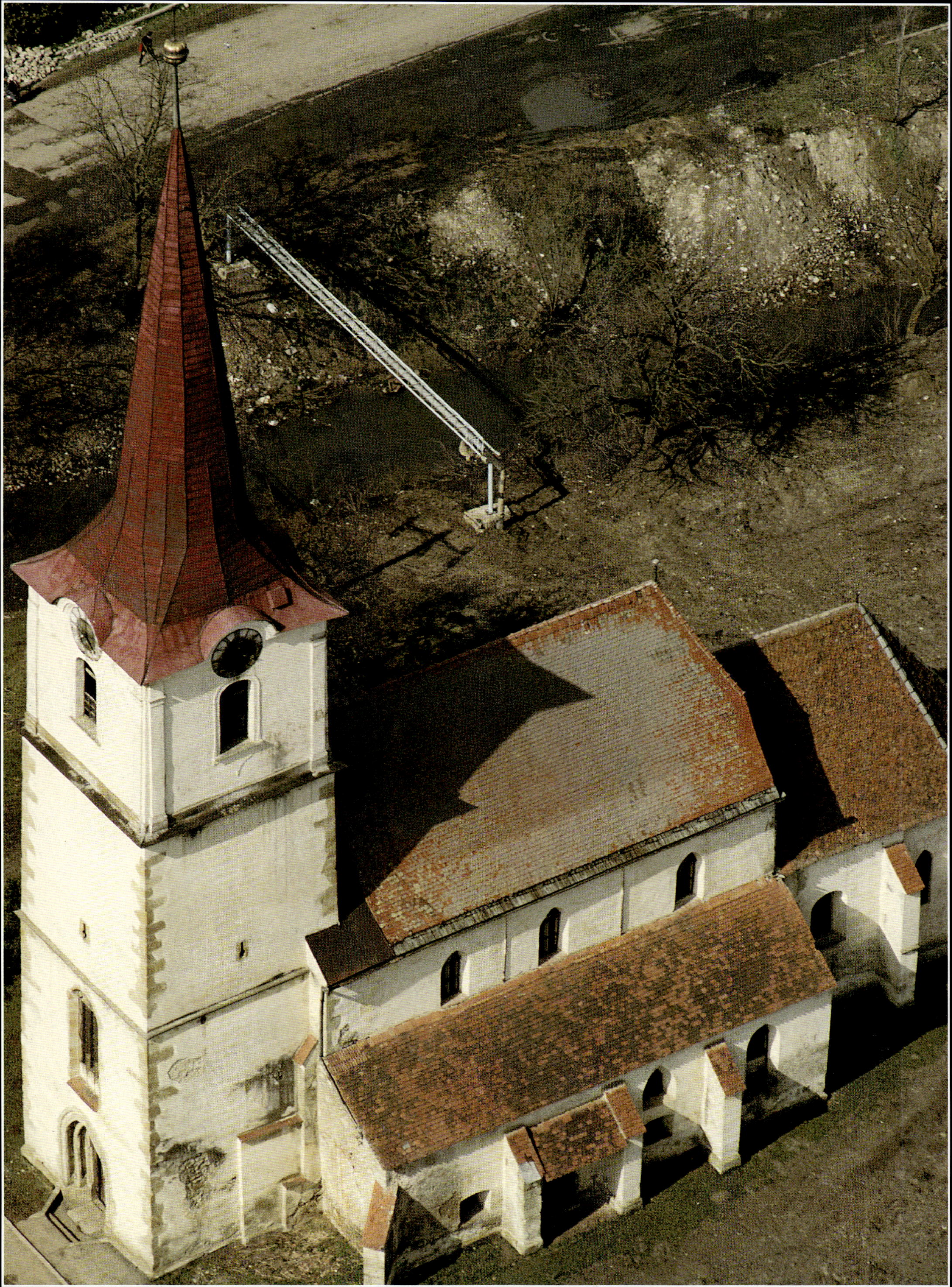

Dorfkirche Tekendorf

Basilika Mönchsdorf

Das Nösnerland

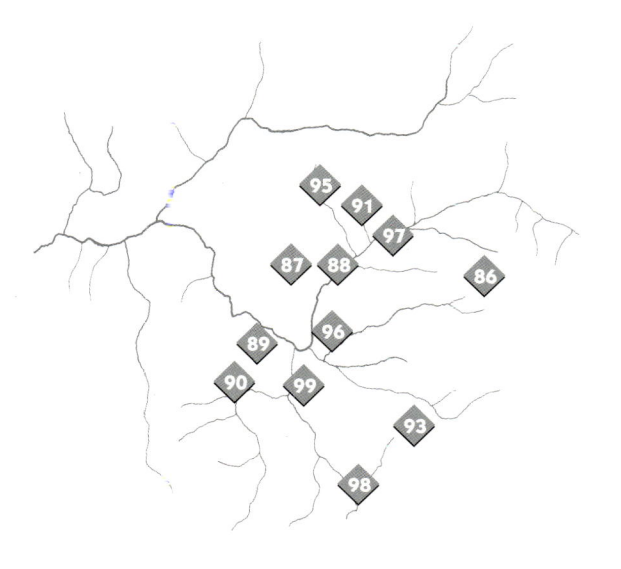

86 | Winter in Auen

Auen, die östlichste Gemeinde des Nösnerlandes, entstand erst um die Mitte des 18. Jahrhunderts aus einem Freitum. Das idyllische Gebirgsdorf entwickelte sich entlang zweier Bäche, Zuflüsse des Budak, an den Ausläufern des Călimani-Gebirges.
Die evangelische Kirchengemeinde datiert von 1801. 1876 entstand das Schul- und Bethaus im südlichen Ortsteil. Die Tierwelt in der Umgebung des Dorfes ist ungewöhnlich reich, Rotwild und Karpatenbär streunen bis an den Dorfrand. Im 20. Jahrhundert avancierte die Umgebung von Auen zum Revier für die „hohe" Jagd; der rumänische Diktator ließ sich hier ein Jagdhaus bauen.

87 | Stadtkern Bistritz

Deutsche Siedler gründeten die Stadt Bistritz, ursprünglich Nösen, am rechten Ufer des Unterlaufs der Bistritz an der alten Handelsstraße, die zu den Pässen der Ostkarpaten führt. Bald war die Siedlung, die 1353 das Marktrecht erhielt, der Mittelpunkt des Nösnerlands. Der mittelalterliche Stadtkern entwickelte sich rund um die romanische Basilika auf dem rechteckigen Marktplatz, von dem im Westen die Spital- und Ungargasse, im Osten die Holz- und Beutlergasse orthogonal abgehen. In der Mitte befand sich die dem hl. Nikolaus geweihte dreischiffige Pfeilerbasilika. Den nordseitig gelegenen Kornmarkt säumen Patrizierhäuser mit Laubengängen, im Stile der Gotik und der Renaissance.

88 | Stadtpfarrkirche Bistritz

Die ursprünglich spätromanische Basilika ersetzte im 14. Jahrhundert ein gotischer Bau. Gegen Ende des 15. Jahrhunderts war freilich auch dieser schon baufällig. Es begannen nun Bauarbeiten in großem Stil: in das Jahr 1478 fällt zunächst der Baubeginn an einem neuen Turm; fast ein Jahrhundert später ging es unter Leitung des Baumeisters Petrus Italus aus Lugano an den eigentlichen Kirchenbau, 1560 in Angriff genommen und 1575 abgeschlossen. Die Erneuerung betrafen Chor und Sakristei; die Westfassade erhielt ihre heutige Gliederung. Das Langhaus wurde erhöht, sämtliche Gewölbe wurden erneuert. So entstand eine Hallenkirche, die spätgotische und Renaissanceformen aufweist, mit gleich hohem Chor und Emporen in den Seitenschiffen. 1990 begannen Instandsetzungsmaßnahmen.

89 | Kallesdorf: Schloß Bethlen

Südwestlich von Bistritz, am linken Ufer des Schogen-Flusses, etwas abseits von den Hauptverkehrswegen, liegt Kallesdorf, im Mittelalter Grundherrschaft des siebenbürgisch-ungarischen Adels.
Im 19. Jahrhundert kommt es in den Besitz der Familie Bethlen, die sich in Ortsnähe ein Schloß bauen ließ. Zwei Wirtschaftsgebäude flankieren dessen Hauptgebäude, einen rechteckigen Bau mit oktogonalen Ecktürmchen, Terrasse und Freitreppe zum Innenhof. Ein hölzerner Turm krönt mittig das pyramidenförmige Dach. Alle Türme tragen einen zwiebelförmigen Helm. In drei Reihen ordnen sich die 14 Nebenräume um einen zentralen Empfangssalon.
Der 17 ha große Park ist dendrologisches Naturschutzgebiet.

90 | Kirchenburg Lechnitz

Auf einer kleinen Anhöhe mitten in der Ortschaft Lechnitz erhebt sich die Kirchenburg. Die gotische Saalkirche ohne Westturm, mit Sakristei und polygonalem Chorschluß, hat auf der Nordseite ein Seitenschiff. An der Westfassade befinden sich ein spätgotisches Portal, darüber ein Rundfenster mit Drei- und Vierpaßmaßwerk. Das Taufbecken ist aus dem Jahr 1494 datiert, ein Grabstein im Chor trägt die Jahreszahl 1578. Die ovale Umfassungsmauer ist bis auf eine geringe Höhe abgetragen worden. Im Südosten steht ein Wehrturm, heute als Glockenturm genützt. Lechnitz ist eine der wenigen nordsiebenbürgischen Kirchen, in denen noch evangelischer Gottesdienst stattfindet.

91 | Dorf und Kirche Pintak

Nördlich von Bistritz, am Pintaker Bach, einem Zufluß der Bistritz, liegt der Ort Pintak. Die Dorfstraße erweitert sich etwa in der Ortsmitte, dort wo der Bach nach rechts biegt, zum Dorfplatz. Auf dem Anger stehen die heute orthodoxe, ehemals evangelische Kirche, die Schule, das Pfarrhaus und auf der Ostseite eine Waage. Im Mittelalter war die Ortschaft eine freie Gemeinde des Bistritzer Distrikts; Urkunden erwähnen sie 1332. Die spätgotische Saalkirche aus dem 15. Jahrhundert mit polygonalem Chorschluß hat einen vorgebauten Glockenturm mit blechgedecktem Knickhelm.
Die heutige niedere Umfassungsmauer deutet auf eine vielleicht ehemals vorhandene Wehranlage hin.

92 | In einer Obstplantage bei Bistritz

Im Nösnerland oder Bistritzer Gebiet, wie es auch heißt, siedelten die Deutschen schon im 12. Jahrhundert. Sie gründeten Ortschaften neben schon bestehenden rumänischen und ungarischen Dörfern. Landschaftlich umfaßt es die Bistritzer Berge, die südlichen Ausläufer des Bârgău-Gebirges, die nordwestlichen Vorberge des Călimani-Gebirges sowie im Süden den nordöstlichen Teil der Siebenbürgischen Heide. Ausgedehnte Mischwälder bedecken die Berge. Die Täler sind fruchtbares Ackerland, die Hänge eignen sich für Wein- und Obstbau. Große Obstpflanzungen bestimmen flächenweise die Kulturlandschaft.

93 | Gutshof Paßbusch

Die Ortschaft Paßbusch entstand an einem nördlichen Zufluß des Dürrbachs, in einem landschaftlich reizvollen Tal. Im Mittelalter war Paßbusch Grundherrschaft mehrerer ungarischer Adelsgeschlechter, ab dem 19. Jahrhundert im Besitz der ungarischen Grafen Teleki, die nördlich des Dorfes einen Gutshof errichteten. Die Anlage bildet ein Rechteck und besteht aus einem Hauptgebäude, dem eigentlichen Wohnhaus, und den seitlichen Wirtschaftsgebäuden. Gegenüber dem Hauptgebäude entstand gegen Ende des 19. Jahrhunderts ein zweiter, freistehender Herrenwohnsitz. Im Innenhof bestand eine Parkanlage.

94 | Abendliche Schafmelke

95 | Dorfkirche Mettersdorf

An der Landstraße, die Bistritz mit Nassod verbindet, liegt auf etwa halber Strecke die Großgemeinde des Nösnerlands, Mettersdorf. Auf einer Anhöhe, der sogenannten "Burg", steht die heute orthodoxe, vormals evangelische Kirche. Von einem urkundlich im 15. Jahrhundert erwähnten Vorgängerbau haben sich der Glockenturm und Teile der Ringmauer erhalten. Das alte Gotteshaus war um die Mitte des vorigen Jahrhunderts so baufällig geworden, daß es gesprengt werden mußte. In die Jahre 1895 bis 1899 fällt die Errichtung der neuen Kirche, einer turmlosen Saalkirche mit Emporen in neugotischem Stil, möglicherweise auf den Grundmauern der alten stehend. Der Glockenturm, der ehemalige Torturm der Kirchenburg mit gotischer Bauornamentik, trägt über der Durchfahrt die Jahreszahl 1488.

96 | Rundkirche Minarken

Eine Überschwemmung zerstörte im Jahre 1751 den Ort im Budaktal. Die Gemeinde, ein Einstraßendorf mit breiter Dorfstraße, wurde an einen höher gelegenen, hochwassersicheren Ort verlegt. Gleichzeitig schritt die Gemeinde zum Neubau der Kirche, unter Wiederverwendung von Materialien des alten gotischen Baus. Der runde Zentralbau, der sich auf sechs Pfeiler stützt, mit Turm über dem Chor, entstand in den Jahren 1755 bis 1782 und ist die einzige Kirche der Siebenbürger Sachsen mit rundem Grundriß.
1992 kaufte die Neuapostolische Glaubensgemeinde das Gotteshaus und führte Renovierungsarbeiten durch.

97 | Dorfkirche Jaad

Am rechten Ufer der Bistritz, an der Hauptstraße, dem "Kaiserweg", der Bistritz über den Dornapaß mit dem Buchenland verband, entstand das Straßendorf Jaad. In der Ortsmitte, wo die Hauptstraße sich etwas verbreitert und eine Nebengasse abzweigt, steht die evangelische Kirche. Die Saalkirche mit in die Westfassade eingebautem Glockenturm und Sakristei aus dem 15. Jahrhundert bewahrt noch drei gotische Portale. Ende des 18. Jahrhunderts wurde der Saal überhöht, Emporen wurden eingebaut. Der Turm erhielt im 19. Jahrhundert sein heutiges Aussehen mit blechgedecktem Knickhelm. Die strahlend weiße Farbe der Außenfassade verdankt die Kirche Renovierungsarbeiten aus den Jahren 1985 bis 1986.

98 | Dorfkirche Tekendorf

Auf dem weitläufigen Marktplatz steht die Tekendorfer Pfeilerbasilika aus dem 14. Jahrhundert. Zu dem breiten Mittelschiff gesellen sich zwei niedere Seitenschiffe. Im südlichen Seitenschiff sind Fresken erhalten, die die Grablegung Christi darstellen. Im 15. Jahrhundert wurde das Mittelschiff stark erhöht und mit Maßwerkfenstern ausgestattet, der Chor wurde polygonal geschlossen. Vor der westlichen Mauer des Langhauses entstand ein 50 Meter hoher Glockenturm mit Knickhelm. Die Kanten des viergeschoßigen Turms sind mit Werkstein gemauert, die Schießscharten schlüsselförmig. Bis 1870 besaß die Kirche eine einfache Ringmauer. Das Abbruchmaterial diente zum Bau der neuen Schule.

99 | Basilika Mönchsdorf

Die kunstgeschichtlich bedeutsame romanische Pfeilerbasilika mit zwei Westtürmen blickt von einer Anhöhe östlich des Ortes auf Mönchsdorf hinab. Im Inneren weist die Kirche eine Westempore und Entlastungsbogen über den Arkaden auf.
In der Wandstärke der Seitenschiffe sind Nebenapsidiolen ausgespart. Zwei romanische Portale gewähren Zugang von Süden und Westen. Der Ziegelbau, eine Klosterkirche, errichtet in den Jahren 1250 bis 1260, war die Stiftung einer ungarischen Adelsfamilie. Im Zuge der Reformation wurde sie von der sächsischen Dorfgemeinschaft übernommen.
Der heutige Zustand des Baudenkmals ist desolat: keine Gemeinschaft nutzt es oder hält es wenigstens instand.

Siebenbürgen von A bis Z

1 | Abtsdorf bei Agnetheln

2 | Abtsdorf bei Agnetheln

3 | Abtsdorf bei Marktschelken

4 | Agnetheln

5 | Almen

6 | Alzen

7 | Alzen

8 | Arbegen

9 | Arkeden

10 | Attelsdorf / Billak

11 | Attelsdorf / Billak

12 | Auen

13 | Baaßen

14 | Baaßen

15 | Baierdorf

16 | Baierdorf

17 | Bartholomä

18 | Bekokten

20 | Bell

21 | Bell

19 | Bekokten

22 | **Belleschdorf**

23 | **Belleschdorf**

24 | **Birk**

25 | **Birthälm**

26 | **Birthälm**

27 | **Bistritz**

28 | Blutroth

29 | Blutroth

30 | Bodendorf

31 | Bogeschdorf

32 | Bogeschdorf

33 | Bonnesdorf

34 | Bonnesdorf

35 | Botsch

36 | Botsch

37 | Braller

38 | **Brenndorf**

41 | **Budak**

39 | **Brenndorf**

40 | **Broos**

42 | **Budak**

43 | Bulkesch

46 | Burgberg

44 | Bulkesch

47 | Burghalle

45 | Burgberg

50 | Bürgisch

48 | Burghalle

49 | Bürgisch

51 | Busd bei Mediasch

52 | Busd bei Mediasch

53 | Busd bei Mühlbach

54 | Busd bei Mühlbach

55 | Denndorf

56 | Denndorf

57 | Deutsch-Kreuz

58 Deutsch-Kreuz

59 Deutsch-Pien

60 Deutsch-Tekes

61 Deutsch-Tekes

62 Deutsch-Weißkirch

63 Deutsch-Weißkirch

64 | Deutsch-Zepling

65 | Deutsch-Zepling

66 | Dobring

67 | Dobring

68 | Donnersmarkt

69 | Donnersmarkt

71 | Draas

70 | Draas

72 | Dunesdorf

73 | Dunesdorf

74 | Durles

78 | Eibesdorf

75 | Durles

76 | Dürrbach

77 | Dürrbach

79 | Eibesdorf

80 | Eidau

81 | Eidau

82 | Elisabethstadt

83 | Engenthal

84 | Engenthal

85 | Felldorf

86 | Felldorf

87 | Felmern

88 | Felmern

89 | **Felsendorf**

91 | **Fogarasch**

90 | **Felsendorf**

92 | **Frauendorf**

93 | **Freck**

94 | Freck

95 | Galt

96 | Galt

97 | Gergeschdorf

98 | Gergeschdorf

99 | Gießhübel

100 | Gießhübel

101 | Girelsau

103 | Großalisch

102 | Girelsau

104 | Großalisch

105 | Großau

107 | Großkopisch

108 | Großkopisch

106 | Großau

109 | Großlasseln

110 | Großlasseln

111 | Großpold im Unterwald

112 | Großpold

113 | Großprobstdorf

114 | Großprobstdorf

115 | Großschenk

116 | Großschenk

117 | Großscheuern

118 | Großscheuern

119 | Großschogen

120 | Großschogen

121 | Gürteln

122 | Gürteln

123 | Hahnbach

124 | Hahnbach

125 | Halwelagen

126 | **Halwelagen**

127 | **Hamlesch**

128 | **Hamlesch**

129 | **Hammersdorf**

130 | **Hammersdorf**

131 | **Hamruden**

132 | **Haschagen**

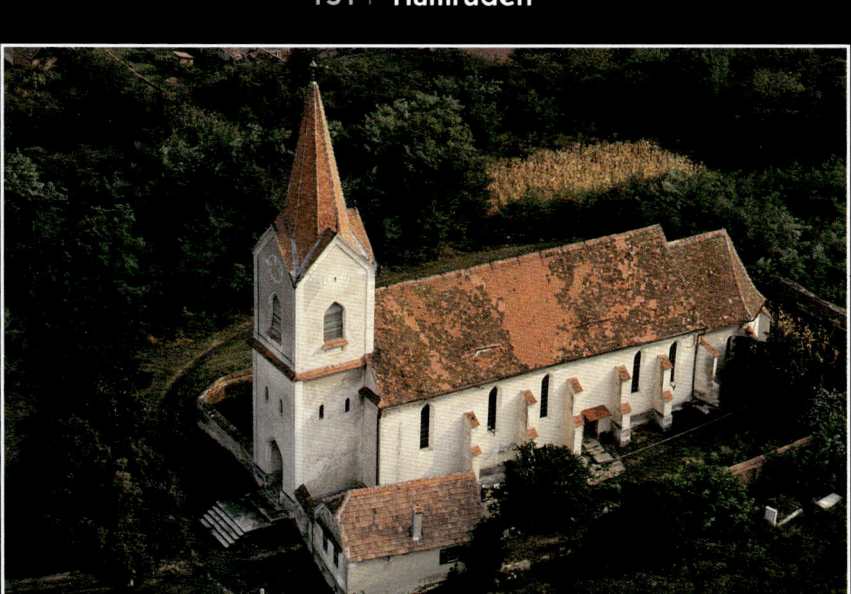

133 | **Haschagen**

134 | **Heidendorf**

135 | **Heidendorf**

193

136 | **Heldsdorf**

137 | **Heldsdorf**

138 | **Heltau**

139 | **Henndorf**

140 | **Henndorf**

141 | **Hermannstadt**

142 | **Hetzeldorf**

143 | **Hetzeldorf**

144 | **Hohndorf**

145 | **Hohndorf**

146 | **Holzmengen**

147 | Honigberg

148 | Hundertbücheln

149 | Hundertbücheln

150 | Irmesch

151 | Irmesch

152 | Jaad

153 | Jakobsdorf bei Agnetheln

154 | Jakobsdorf bei Bistritz

155 | Jakobsdorf bei Bistritz

156 | Jakobsdorf bei Mediasch

157 | Jakobsdorf bei Mediasch

160 | Kallesdorf

158 | Johannisdorf

159 | Johannisdorf

161 | Kallesdorf

162 | **Kastenholz**

163 | **Kastenholz**

164 | **Katzendorf**

165 | **Katzendorf**

166 | **Keisd**

167 | Keisd

168 | Kelling

169 | Kerz

170 | Kerz

171 | Kirchberg

172 | **Kirchberg**

173 | **Kirtsch**

174 | **Kleinalisch**

175 | **Kleinalisch**

176 | **Kleinbistritz**

201

177 | **Kleinbistritz**

179 | **Kleinblasendorf**

181 | **Kleinlasseln**

178 | **Kleinblasendorf**

180 | **Kleinkopisch**

182 | **Kleinlasseln**

183 | **Kleinprobstdorf**

184 | **Kleinprobstdorf**

185 | **Kleinschelken**

186 | **Kleinschelken**

187 | **Kleinschenk**

188 | **Kleinscheuern**

189 | **Kleinscheuern**

190 | **Klosdorf**

191 | **Klosdorf**

192 | **Kreisch**

193 | **Kreisch**

194 | **Kronstadt**

195 | **Kyrieleis**

196 | Kyrieleis

197 | Langenthal

198 | Langenthal

199 | Leblang

200 | Leblang

201 | Lechnitz

202 | Leschkirch

204 | Ludwigsdorf

205 | Magarei

203 | Leschkirch

206 | Maldorf

207 | Maldorf

208 | Malmkrog

209 | Malmkrog

210 | Maniersch

211 | Maniersch

212 | Mardisch

213 | Mardisch

215 | Marienburg bei Kronstadt

214 | Marienburg bei Kronstadt

209

216 | Marienburg bei Kronstadt

217 | Marienburg bei Schäßburg

218 | Marienburg bei Schäßburg

219 | Marktschelken

220 | Marktschelken

221 | Marpod

222 | Marpod

223 | Martinsberg

225 | Martinsdorf

224 | Martinsberg

211

226 | Martinsdorf

227 | Mediasch

228 | Mediasch

229 | Meeburg

230 | Meeburg

231 | Mergeln

232 | Meschen

234 | Meschendorf

233 | Meschendorf

235 | Mettersdorf

236 | Michelsberg

237 | Michelsberg

238 | Michelsdorf / Kokel

239 | Michelsdorf / Kokel

240 | Michelsdorf bei Marktschelken

241 | Michelsdorf bei Marktschelken

242 | Minarken

243 | Mönchsdorf

244 | Moritzdorf

245 | Moritzdorf

215

246 | Mortesdorf

247 | Mortesdorf

248 | Mühlbach

249 | Nadesch

250 | Nadesch

251 | **Neithausen**

253 | **Neppendorf**

254 | **Neudorf bei Hermannstadt**

252 | **Neppendorf**

255 | **Neudorf bei Hermannstadt**

217

256 | Neudorf bei Schäßburg

257 | Neudorf bei Schäßburg

258 | Neustadt bei Agnetheln

259 | Neustadt bei Agnetheln

260 | Neustadt bei Kronstadt

261 | **Neustadt bei Kronstadt**

262 | **Niedereidisch**

264 | **Niederneudorf**

263 | **Niedereidisch**

265 | **Niederneudorf**

266 | Nimesch

267 | Nimesch

268 | Nußbach

269 | Nußbach

270 | Obereidisch

271 | **Obereidisch**

272 | **Oberneudorf**

273 | **Oberneudorf**

274 | **Paßbusch**

275 | **Paßbusch**

276 | Peschendorf

277 | Peschendorf

279 | Petersberg

278 | Petersberg

280 | Petersdorf bei Bistritz

281 | Petersdorf bei Bistritz

282 | Petersdorf bei Marktschelken

283 | Petersdorf bei Mühlbach

284 | Petersdorf bei Mühlbach

285 | Pintak

286 | Pintak

287 | Pretai

288 | Pretai

289 | Probstdorf

290 | Probstdorf

291 | **Pruden**

292 | **Pruden**

294 | **Puschendorf**

293 | **Puschendorf**

295 | **Radeln**

296 | **Rätsch**

297 | **Rätsch**

298 | **Rauthal**

299 | **Rauthal**

300 | **Reichesdorf**

301 | **Reichesdorf**

302 | **Reps**

303 | **Reps**

304 | **Retersdorf**

305 | **Retersdorf**

227

306 | **Reußdorf**

307 | **Reußdorf**

308 | **Reußen**

309 | **Reußen**

310 | **Reußmarkt**

311 | **Rode**

228

312 | Rohrbach

313 | Rohrbach

314 | Rosch

315 | Roseln

316 | Roseln

317 | Rosenau

318 | Rosenau

319 | Rothbach

320 | Rothbach

321 | Rothberg

322 | Rothberg

230

323 | Rumes

324 | Rumes

325 | Sächsisch-Reen

326 | Sankt Georgen

327 | Sankt Georgen

328 | **Schaal**

329 | **Schaal**

330 | **Schaas**

331 | **Schaas**

332 | **Scharosch bei Fogarasch**

333 | Scharosch bei Fogarasch

334 | Scharosch bei Mediasch

335 | Schäßburg

336 | Schäßburg

337 | Schellenberg

338 | **Schellenberg**

339 | **Schirkanyen**

340 | **Schirkanyen**

341 | **Schlatt**

342 | **Schlatt**

343 | **Schmiegen**

344 | **Schmiegen**

345 | **Scholten**

346 | **Scholten**

347 | **Schönau**

348 | Schönau

349 | Schönberg

350 | Schönbirk

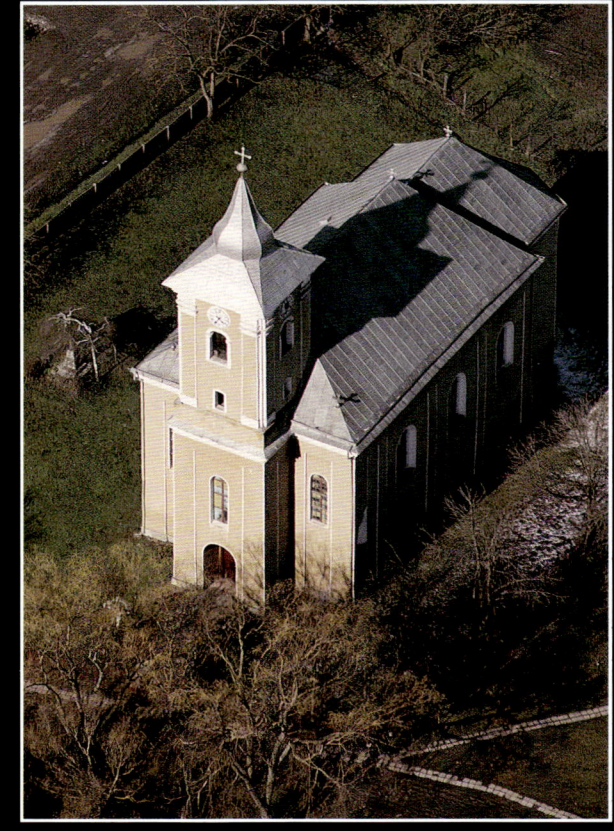

351 | Schönbirk

352 | Schorsten

236

353 | **Schorsten**

356 | **Seiburg**

354 | **Schweischer**

355 | **Schweischer**

357 | **Seiburg**

358 | **Seiden**

359 | **Seiden**

360 | **Seligstadt**

361 | **Seligstadt**

362 | **Senndorf**

363 | Senndorf

364 | Stein

365 | Stein

366 | Stolzenburg

367 | Stolzenburg

368 | Streitfort

369 | **Streitfort**

370 | **Talmesch**

371 | **Talmesch**

372 | **Tarteln**

373 | **Tarteln**

374 | **Tartlau**

375 | Taterloch

376 | Taterloch

377 | Tatsch

378 | Tatsch

379 | Tekendorf

380 | Thalheim

381 | Tobsdorf

382 | Tobsdorf

383 | Törnen

384 | Törnen

242

385 | Trappold

386 | Trappold

387 | Treppen

388 | Treppen

389 | Tschippendorf

390 | Tschippendorf

391 | Ungersdorf

392 | Ungersdorf

393 | Urwegen

394 | Urwegen

395 | Waldhütten

396 | Waldhütten

397 | Wallendorf

398 | Wallendorf

399 | Waltersdorf

400 | **Waltersdorf**

403 | **Weilau**

401 | **Wassid**

402 | **Weidenbach**

404 | **Weilau**

405 | Weingartskirchen

406 | Weingartskirchen

407 | Weißkirch bei Bistritz

408 | Weißkirch bei Bistritz

409 | Weißkirch bei Schäßburg

410 | Weißkirch bei Schäßburg

411 | Werd

412 | Werd

413 | Wermesch

414 | Wermesch

415 | Windau

416 | Wolkendorf

417 | Wolkendorf bei Schäßburg

419 | Wölz

418 | Wolkendorf bei Schäßburg

420 | Wölz

421 | Wurmloch

422 | Zeiden

423 | Zeiden

424 | Zendersch

425 | Zendersch

426 | Zied

427 | Zied

428 | Zuckmantel

429 | Zuckmantel

Bildverzeichnis
Siebenbürgen von A bis Z

1 | Abtsdorf bei Agnetheln in einem nördlichen Seitental des Harbachs

2 | Abtsdorf bei Agnetheln. Spätgotische Saalkirche mit freistehendem Glockenturm, Predigerwohnung und Schule

3 | Abtsdorf bei Marktschelken auf einer Anhöhe an der Großen Kokel

4 | Agnetheln. Marktort mit Kirchenburg im Harbachtal

5 | Almen im Kaltbachtal

6 | Alzen im mittleren Harbachtal

7 | Alzen. Kirchenburg: umgebaute romanische Basilika mit westseitigem Glockenturm und ovalem Bering

8 | Arbegen im Weißbachtal

9 | Arkeden im einem südöstlichen Seitental der Großen Kokel

10 | Attelsdorf/Billak im Schogener Tal

11 | Attelsdorf/Billak. Saalkirche mit Glockenturm von 1899, errichtet mit Hilfe des Gustav-Adolf-Vereins; heute orthodoxe Kirche

12 | Auen/Kuschma am Fuße der Cǎlimani-Berge

13 | Baaßen im Zwischenkokelgebiet

14 | Baaßen. Kirchenburg: turmlose Saalkirche aus dem 15. Jh. mit Wehrgeschoß über dem Chor; Torturm der Ringmauer dient als Glockenturm

15 | Baierdorf im Nösnerland

16 | Baierdorf. Spätgotische Saalkirche mit freistehendem Glockenturm und Pfarrhaus

17 | Bartholomä. Frühgotische Basilika aus dem 13. Jh.

18 | Bekokten in einem Tal des Harbach-Hochlands

19 | Bekokten. Kirchenburg: Saalkirche mit quadratischem Glockenturm aus dem 13. Jh. und neugebautem Saal um 1845

20 | Bell im Kaltbachtal

21 | Bell. Ruinen des Bolyai-Schlosses

22 | Belleschdorf im Zwischenkokelgebiet

23 | Belleschdorf. Saalkirche aus dem 15. Jh. mit westseitigem Glockenturm von 1927

24 | Birk. Dorf mit den Gemeinschaftsbauten in der Ortsmitte

25 | Birthälm. Marktort mit Kirchenburg und quadratischem Dorfplatz

26 | Birthälm. Kirchenburg, seit 1993 im UNESCO-Verzeichnis des Weltkulturerbes

27 | Bistritz. Mittelalterlicher Stadtkern mit Stadtpfarrkirche

28 | Blutroth im Zekesch-Hochland

29 | Blutroth. Klassizistischer Kirchenbau und Glockenturm vor der Wende zum 20. Jh.

30 | Bodendorf im Repser Land

31 | Bogeschdorf im Kokel-Hochland

32 | Bogeschdorf. Kirchenburg mit spätgotischer Saalkirche aus dem 15. Jh., Glockenturm und ovaler, teilweise doppelter Ringmauer

33 | Bonnesdorf im Zwischenkokelgebiet

34 | Bonnesdorf. Kirchenburg: gotische Saalkirche ohne Westturm mit Wehrgeschoss nur über dem Chor und Dachreiter

35 | Botsch im Reener Ländchen

36 | Botsch. Kirchenburg: gotische Saalkirche ohne Westturm, als Glockenturm dient ein Wehrturm der Ringmauer

37 | Braller im Krautwinkel

38 | Brenndorf im Burzenland

39 | Brenndorf. Dorfmitte und Saalkirche mit Westturm um 1804

40 | Broos. Stadtkern des westlichsten Orts im deutschen Siedlungsgebiet

41 | Budak mit breitem Anger im Budaktal

42 | Budak. Saalkirche mit Westturm aus dem 15. Jh., heute eine orthodoxe Kirche

43 | Bulkesch im Zwischenkokelgebiet

44 | Bulkesch. Kirchenburg mit bewehrtem Chor und doppelter Ringmauer; Langhaus und Glockenturm vom Anfang des 19. Jh.

45 | Burgberg in einem nördlichen Seitental des Harbachs

46 | Burgberg. Vormals romanische Basilika, erweitert im 15. Jh.; Glockenturm aus der Mitte des 18. Jh.

47 | Burghalle in einem südlichen Seitental des Budakbachs

48 | Burghalle. Saalkirche mit Glockenturm aus den Jahren 1906–1909; heute eine orthodoxe Kirche

49 | Bürgisch im Harbach-Hochland

50 | Bürgisch. Saalkirche mit westseitigem Glockenturm

51 | Busd bei Mediasch in einem südlichen Tal der Großen Kokel

52 | Busd bei Mediasch. Kirchenburg: gotische Saalkirche des ausgehenden 15. Jh., Chor mit drei Wehrgeschossen, ohne Westturm

53 | Busd bei Mühlbach im Zekesch-Hochland

54 | Busd bei Mühlbach. Kirchenburg mit turmloser spätgotischer Saalkirche; Wehrgeschoß über dem Chor und Schiff

55 | Denndorf am Schaaser Bach

56 | Denndorf. Kirchenburg mit gotischer Saalkirche aus der Mitte des 15. Jh. und freistehendem Glockenturm

57 | Deutsch-Kreuz im Repser Land

58 | Deutsch-Kreuz. Kirchenburg mit ovalem Bering, bestückt mit fünf Wehrtürmen, und klassizistischer Saalkirche aus den Jahren 1810–1814

59 | Deutsch-Pien im Unterwald

60 | Deutsch-Tekes in einem Seitental des Alts

61 | Deutsch-Tekes. Kirchenburg von quadratischem Grundriß mit Ecktürmen, Saalkirche von 1823–1827 mit Westturm

62 | Deutsch-Weißkirch im Repser Land

63 | Deutsch-Weißkirch. Kirchenburg mit vormals romanischer, heute gotischer Saalkirche aus dem 15. Jh.; ovaler Bering mit vier Türmen

64 | Deutsch-Zepling im Reener Ländchen

65 | Deutsch-Zepling. Saalkirche von 1882–1884 mit Westturm, mit Unterstützung des Gustav-Adolf-Vereins gebaut

66 | Dobring am südlichen Rande der Großpolder Senke

67 | Dobring. Kirchenburg mit gotischer Saalkirche und doppelter Umfassungsmauer; der Glockenturm ist ins Schiff eingebaut

68 | Donnersmarkt am südlichen Ufer der Großen Kokel

69 | Donnersmarkt. Kirchenburg mit turmloser Saalkirche von 1863

70 | Draas in der Homoroder Senke

71 | Draas. Kirchenburg: ehemals romanische Pfeilerbasilika mit Westturm, später zur Saalkirche umgebaut; Ringmauer mit sechs Wehrtürmen

72 | Dunesdorf an der Großen Kokel

73 | Dunesdorf. Kirchenburg mit spätgotischer Saalkirche und teilweise erhaltenem Bering; schlanker Glockenturm gebaut 1927

74 | Durles am nördlichen Ufer der Großen Kokel

75 | Durles. Turmlose gotische Saalkirche aus dem 15. Jh. mit reich verziertem Westportal und gotischen Wandgemälder

76 | Dürrbach im Nösnerland

77 | Dürrbach. Gotische Saalkirche mit Westturm aus dem 15. Jh.; heute orthodoxe Kirche

78 | Eibesdorf in einem südlichen Tal der Großen Kokel

79 | Eibesdorf. Kirchenburg: gotische Saalkirche mit Wehrgeschoß über dem Chor und massivem Westturm mit Walmdach, ovaler Bering

80 | Eidau am Rande der Siebenbürgischen Heide

81 | Eidau. Von Norden nach Süden

ausgerichtete Saalkirche mit Westturm, errichtet 1912 – 1913

82 | Elisabethstadt. Markt am Nordufer der Großen Kokel

83 | Engenthal an einem Nebenfluß des Weißbachs

84 | Engenthal. Saalkirche von 1914 mit Glockenturm

85 | Felldorf in einem südlichen Seitental der Kleinen Kokel

86 | Felldorf. Kirchenburg: gotische Saalkirche mit Westturm aus dem 15. Jh.; polygonaler Bering mit zwei Wehrtürmen

87 | Felmern am Scharoscher Bach, einem nördlichen Zufluß des Alts

88 | Felmern. Kirchenburg: Saalkirche mit quadratischem Westturm, hervorgegangen aus einer romanische Basilika; polygonaler Bering mit zwei Türmen

89 | Felsendorf in einem südlichen Seitental der Großen Kokel

90 | Felsendorf. Gotische Saalkirche mit langem Chor und Westturm aus dem 15. Jh.

91 | Fogarasch. Schloß, Burg und Stadtkern am südlichen Ufer des Alts

92 | Frauendorf am östlichen Ufer des Weißbachs

93 | Freck auf einer südlichen Terrasse des Alts

94 | Freck. Vormals romanische Basilika mit Westturm, um 1500 zur Saalkirche umgebaut

95 | Galt am nördlichen Ufer des Alts

96 | Galt. Kirchenburg: vormals romanische Basilika, die um 1500 ihre Seitenschiffe verlor; Wehrmauer mit drei Türmen

97 | Gergeschdorf im Zekesch-Hochland

98 | Gergeschdorf. Spätgotische Saalkirche aus dem 15. Jh., westlicher Glockenturm und neues Langhaus von 1802

99 | Gießhübel im Zekesch-Hochland

100 | Gießhübel. Gotische Saalkirche aus dem 14. Jh.; im Westen ein 1830 angebauter Glockenturm

101 | Girelsau am westlichen Ufer des Alts

102 | Girelsau. Saalkirche mit Westturm und Sakristei auf der Nordseite aus dem 15. Jh., umgeben von einer einfachen Mauer

103 | Großalisch. Ortsmitte und Kirchenburg am Ufer der Großen Kokel

104 | Großalisch. Kirchenburg: turmlose Saalkirche aus dem 15. Jh.; einfacher Bering mit Torturm, jetzt Glockenturm

105 | Großau am Zibinsufer im Alten Land

106 | Großau. Kirchenburg: spätgotische Hallenkirche vom Ende des 15. Jh. mit hohem Westturm; doppelte Ringmauer mit Türmen und Basteien

107 | Großkopisch in einem südlichen Seitental der Großen Kokel

108 | Großkopisch. Kirchenburg: romanische Pfeilerbasilika mit überhöhtem Wehrgeschoß über dem Chor und einfachem Bering

109 | Großlasseln in einem südlichen Seitental der Großen Kokel

110 | Großlasseln. Kirchenburg mit klassizistischem Bau von 1842 – 1844; der Glockenturm verblieb von dem romanischen Vorgängerbau

111 | Großpold im Unterwald

112 | Großpold. Barocke Saalkirche mit Glockenturm von 1836–1838; Reste der Umfassungsmauer im Norden und Osten

113 | Großprobstdorf an der Großen Kokel

114 | Großprobstdorf. Spätgotische, turmlose Saalkirche mit einfachem Bering; darin der Glockenturm, vormals der Torturm

115 | Großschenk, Hauptort des Schenker Gebiets

116 | Großschenk. Kirchenburg mit vormals romanischer Basilika, die im 16. Jh. zur gotischen dreischiffigen Hallenkirche umgebaut wurde

117 | Großscheuern am Nordrand der Zibinssenke im Alten Land

118 | Großscheuern. Romanische Basilika, 13. Jh. Sie erhielt im 15. Jh. das

119 | Großschogen am Südufer des Schogener Bachs

120 | Großschogen. Saalkirche mit westseitigem Glockenturm, errichtet 1900 – 1902 vom Gustav-Adolf-Verein; heute eine orthodoxe Kirche

121 | Gürteln im Krautwinkel

122 | Gürteln. Kirchenburg: Saalkirche mit Westturm aus der Mitte des 19. Jh.; quadratische Wehrmauer mit Ecktürmen

123 | Hahnbach am nördlichen Rand der Zibinssenke

124 | Hahnbach. Saalkirche aus der ersten Hälfte des 19. Jh., Glockenturm vom Vorgängerbau, davor die vormalige deutsche Schule

125 | Halwelagen am Nordufer der Großen Kokel

126 | Halwelagen. Turmlose, klassizistische Saalkirche von 1828 –1838; freistehender Glockenturm vormals Torturm der Wehranlage aus dem 16. Jh.

127 | Hamlesch. Ortsmitte mit Kirche und Schule

128 | Hamlesch. Neugotische Saalkirche mit vier Ecktürmchen und hohem Westturm, geweiht 1899 nach zweijähriger Bauzeit

129 | Hammersdorf am Zibinsufer, heute Stadtteil von Hermannstadt

Wehrgeschoß über dem Chor und den Glockenturm im 19. Jh.

130 | Hammersdorf. Kirchenburg mit dreischiffiger romanischer Pfeilerbasilika mit Westturm, umgebaut im 15. Jh.; einfacher Bering

131 | Hamruden im Repser Land, Ortsmitte und Kirchenburg

132 | Haschagen an einem westlichen Zufluß des Weißbachs

133 | Haschagen. Gotische Saalkirche aus dem 14. Jh., Glockenturm von 1875

134 | Heidendorf an der Bistritz im Nösnerland

135 | Heidendorf. Spätgotische Saalkirche mit Glockenturm und Sakristei, heute der orthodoxen Gemeinde übereignet

136 | Heldsdorf am Großbach im Burzenland

137 | Heldsdorf. Gotische Hallenkirche, Langhaus und Glockenturm nach Erdbebenschäden Anfang des 19. Jh. neu gebaut

138 | Heltau. Das Weberstädtchen am Silberbach im Alten Land

139 | Henndorf im oberen Harbachtal

140 | Henndorf. Kirchenburg: turmlose gotische Saalkirche mit Wehrgeschoß über der ganzen Anlage; polygonale Ringmauer mit vier Wehrtürmen

141 | Hermannstadt. Hauptort des Alten Landes

142 | Hetzeldorf in einem südlichen Seitental der Großen Kokel

143 | Hetzeldorf. Kirchenburg: dreischiffige gotische Hallenkirche mit Glockenturm und Wehrgeschoß über dem Chor

144 | Hohndorf im Zwischenkokelgebiet

145 | Hohndorf. Spätgotische Saalkirche mit westseitigem Glockenturm, im 18. Jh. umgebaut

146 | Holzmengen am unteren Harbach

147 | Honigberg im nördlichen Burzenland

148 | Hundertbücheln an einem südlichen Zufluß des oberen Harbachs

149 | Hundertbücheln. Kirchenburg: gotische Saalkirche aus dem 15. Jh. mit schlankem Westturm und mächtigem Wehrturm über dem Chor

151 | Irmesch an einem südlichen Zufluß der Kleinen Kokel

152 | Irmesch. Kirchenburg: turmlose Saalkirche aus dem 15. Jh.; ovale Ringmauer, im Osten der Glockenturm, vormals Torturm

152 | Jaad an der Bistritz im Nösnerland

153 | Jakobsdorf bei Agnetheln in einem nordwestlichen Seitental des oberen Harbachs

154 | Jakobsdorf bei Bistritz in der östlichen siebenbürgischen Heide

155 | Jakobsdorf bei Bistritz. Neugotische Saalkirche mit Westturm, errichtet 1870 – 1878 mit Unterstützung des Gustav-Adolf-Vereins

156 | Jakobsdorf bei Mediasch an einem nördlichen Zufluß der Großen Kokel

157 | Jakobsdorf bei Mediasch. Saalkirche mit Glockenturm, 18. Jh.

158 | Johannisdorf in einem südlichen Seitental der Kleinen Kokel

159 | Johannisdorf. Saalkirche mit Westturm, errichtet 1892 – 1895 mit Hilfe des Gustav-Adolf-Vereins

160 | Kallesdorf am Schogener Bach im Nösnerland

161 | Kallesdorf. Saalkirche mit Westturm aus dem ersten Viertel des 16. Jh., 1808 umgebaut; an die orthodoxe Gemeinde übereignet

162 | Kastenholz am unteren Harbach

163 | Kastenholz. Spätbarocke Saalkirche von 1805 – 1809 mit Westturm

164 | Katzendorf in der Homorod-Senke im Repser Land

165 | Katzendorf: Kirchenburg mit dreischiffiger romanischer Basilika aus dem 13. Jh., um 1400 umgebaut; doppelter turmbewehrter Bering

166 | Keisd an einem südlichen Zufluß der Großen Kokel

167 | Keisd. Fliehburg aus dem 14. Jh. Ovale Ringmauer mit Türmen, Basteien und Wasserzisterne

168 | Kelling im südlichen Unterwald

169 | Kerz am Alt

170 | Kerz. Ruinen der Zisterzienserabtei. Gegründet im 13. Jh., aufgelöst 1474. Im vormaligen Chor evangelisches Gotteshaus

171 | Kirchberg im Harbach-Hochland

172 | Kirchberg. Kirchenburg: romanische Pfeilerbasilika mit Westturm, befestigt; einfacher Bering mit einer Vorburg

173 | Kirtsch in einem nördlichen Seitental der Großen Kokel

174 | Kleinalisch in einem südlichen Seitental der Kleinen Kokel

175 | Kleinalisch. Kirchenburg: spätgotische, turmlose Saalkirche mit polygonalem Bering, Torturm und Bastei

176 | Kleinbistritz an einem östlichen Zufluß der Bistritz im Nösnerland

177 | Kleinbistritz. Saalkirche mit Glockenturm über dem westseitigen Langhaus, gebaut 1858 – 1860

178 | Kleinblasendorf im Zwischenkokelgebiet

179 | Kleinblasendorf. Neugotische Saalkirche mit dem Glockenturm auf der Südseite

180 | Kleinkopisch an der Großen Kokel

181 | Kleinlasseln am Johannisbach, einem Zufluß der Kleinen Kokel

182 | Kleinlasseln. Saalkirche mit westlichem Glockenturm aus der zweiten Hälfte des 18. Jh.

183 | Kleinprobstdorf in der Flußau der Goßen Kokel

184 | Kleinprobstdorf. Turmlos, spätgotische Saalkirche aus dem 15. Jh.; im Osten des polygonalen Berings der Glockenturm von 1854

185 | Kleinschelken. Ortsmitte und Kirchenburg in einem südlichen Seitental der Großen Kokel

186 | Kleinschelken. Kirchenburg: dreischiffige gotische Hallenkirche mit Westturm und Wehrgeschoß über dem Chor; doppelter Bering mit drei Wehrtürmen

187 | Kleinschenk am Alt

188 | Kleinscheuern am westlichen Rand der Zibinssenke

189 | Kleinscheuern. Dreischiffige Basilika mit Westturm, vormals romanische Pfeilerbasilika ohne Westturm, gotische Umbauten von 1506

190 | Klosdorf in einem südlichen Seitental der Großen Kokel

191 | Klosdorf. Kirchenburg: turmlose, spätgotische Saalkirche mit Wehrgeschoß über Schiff und Chor; quadratische Wehrmauer mit vier Ecktürmen, einer davon als Glockenturm im 19. Jh. aufgestockt

192 | Kreisch in einem südlichen Tal des Kokel-Hochlands

193 | Kreisch. Saalkirche mit westlichem Glockenturm, errichtet Anfang des 20. Jh. mit Hilfe des Gustav-Adolf-Vereins

194 | Kronstadt. Mittelalterlicher Stadtkern: die Schwarze Kirche und der Marktplatz mit dem Rathaus

195 | Kyrieleis am Dürrbach im Nösnerland

196 | Kyrieleis. Im 18. Jh. umgebaute gotische Kirche mit romanischem Westportal

197 | Langenthal in einem nördlichen Seitental der Großen Kokel

198 | Langenthal. Kirchenburg mit turmloser, spätgotischer Saalkirche aus dem 15. Jh.; einfache Ringmauer mit Glockenturm und einem Wehrturm

199 | Leblang im Repser Land

200 | Leblang. Neugotische Saalkirche von 1884 – 1906 mit Glockenturm am Westende des Langhauses

201 | Lechnitz an einem südlichen Zufluß des Dürrbachs im Nösnerland

202 | Leschkirch am mittleren Harbach

203 | Leschkirch. Saalkirche von 1801 – 1906 im Empirestil mit Glockenturm über dem Westende des Langhauses; Wehrtürme des Berings erhalten

204 | Ludwigsdorf im Reener Ländchen. Ortsmitte

205 | Magarei in einem Tal des Harbach-Hochlands

206 | Maldorf in einem südlichen Seitental der Kleinen Kokel

207 | Maldorf. Saalkirche von 1844 mit Westturm

208 | Malmkrog in einem südlichen Seitental der Großen Kokel

209 | Malmkrog. Vormalige Wallfahrtskirche: gotische Basilika aus dem 14. Jh. mit Westturm; im Inneren gotische Wandgemälde

210 | Maniersch in einem Tal des Kleinkokler Höhenzugs

211 | Maniersch. Kirchenburg: Saalkirche mit Westturm aus dem 16. Jh.; von der Ringmauer ist der Torturm im Südwesten erhalten

212 | Mardisch im Kaltbachtal

213 | Mardisch. Kirchenburg: turmlose gotische Saalkirche vom Ende des 14. Jh.; polygonale Umfassungsmauer mit Wehrturm und Burghüterwohnung

214 | Marienburg bei Kronstadt: romanischer Vorgängerbau, im 15. Jh. zur gotischen Basilka erweitert; Glockenturm 18. Jh.

215 | Marienburg bei Kronstadt auf einer südlichen Terrasse des Alts

216 | Marienburg bei Kronstadt. Ruinen der Bauernburg mit ovalem Grundriß und vier Wehrtürmen; die Vorgängerburg errichtete der Deutsche Ritterorden

217 | Marienburg bei Schäßburg im Zwischenkokelgebiet

218 | Marienburg bei Schäßburg. Gotische Saalkirche mit westseitigem Glockenturm; ohne augenfällige Spuren der Wehranlagen

219 | Marktschelken im Weißbachtal

220 | Marktschelken: an Stelle eines romanischen Vorgängerbaus, entstand im 16. Jh. die gotische Saalkirche mit Wehrgeschoß über dem Chor; 1806 folgte der Glockenturm

221 | Marpod an einem östlichen Zufluß des mittleren Harbachs

222 | Marpod. Kirchenburg: Saalkirche, in der heutigen Form von 1785 – 1798 mit westlichem Glockenturm; quadratischer Bering mit zwei Türmen

223 | Martinsberg im Krautwinkel

224 | Martinsberg. Romanische Basilika mit Westturm. Der Chor im 15. Jh. angebaut und im 18. Jh. die Erhöhung der Seitenschiffe

225 | Martinsdorf an einem östlichen Zufluß des Kaltbachs

226 | Martinsdorf. An den Glockenturm des 15. Jh. wird mit Hilfe des Gustav-Adolf-Vereins 1861 – 1863 eine Saalkirche angebaut

227 | Mediasch. Mittelalterlicher Stadtkern mit Marktplatz und Stadtpfarrkirche

228 | Mediasch. Margarethenkirche: Saalkirche aus dem 15. Jh. mit hohem Glockenturm auf der Nordseite;

vollständiger Bering mit Wehrtürmen („Kastell")

229 | Meeburg in der Homorod-Senke im Repser Land

230 | Meeburg. Kirchenburg: gotische Saalkirche aus dem 15. Jh. mit Glockenturm, neuerrichtet 1892; polygonale Wehrmauer mit drei Türmen

231 | Mergeln an einem östlichen Zufluß des Harbachs

232 | Meschen an einem südlichen Zufluß der Großen Kokel

233 | Meschendorf im Harbach-Hochland

234 | Meschendorf. Kirchenburg: Saalkirche mit Glockenturm aus dem 14. Jh.; im 15. Jh. entstand das Wehrgeschoß über Kirche und Langhaus; doppelter Bering mit zwei Türmen

235 | Mettersdorf in den Nassoder Bergen im Nösnerland

236 | Michelsberg am Silberbach im Alten Land

237 | Michelsberg. Dorfkirche: barocke Saalkirche mit Westturm aus dem Jahre 1764

238 | Michelsdorf am nördlichen Ufer der Kleinen Kokel

239 | Michelsdorf an der Kleinen Kokel. Spätgotische turmlose Saalkirche vom Anfang des 16. Jh., freistehender Glockenturm von 1825

240 | Michelsdorf bei Marktschelken im Kaltbachtal

241 | Michelsdorf bei Marktschelken. Neugotische Saalkirche mit Westturm, Mitte des 19. Jh.

242 | Minarken am Budakbach im Nösnerland

243 | Mönchsdorf am östlichen Rande der Siebenbürgischen Heide

244 | Moritzdorf in der Fisesch-Heide im westlichen Nösnerland

245 | Moritzdorf. Ruinen der vormaligen gotischen Saalkirche mit Westturm aus dem 15. Jh. Hier fanden bis vor 30 Jahren noch Gottesdienste statt

246 | Mortesdorf in einem südlichen Tal des Kokel-Hochlands

247 | Mortesdorf. Kirchenburg: turmlose gotische Saalkirche aus dem 15. Jh., Glockenturm von 1832 – 1835; polygonaler Bering mit zwei Wehrtürmen und Rathaus im Süden

248 | Mühlbach. Die Altstadt mit Marktplatz und Stadtpfarrkirche, Hauptort des Unterwalds

249 | Nadesch im Zwischenkokelgebiet

250 | Nadesch. Kirchenburg: an den Glockenturm aus dem 14. Jh. wird 1851 – 1853 eine klassizistische Saalkirche gebaut; polygonale Wehrmauer mit Ecktürmen

251 | Neithausen am oberen Harbach

252 | Neppendorf am westlichen Ufer des Zibins im Alten Land

253 | Neppendorf. Im Kern eine romanische Basilika mit Vierungsturm. Umbauten im 16., 18. und 20 Jh. gaben ihr den Kreuzgrundriß

254 | Neudorf bei Hermannstadt im östlichen Harbach-Hochland

255 | Neudorf bei Hermannstadt. Im 15. Jh. umgebaute romanische Basilika mit Westturm mit romanischer Bauplastik

256 | Neudorf bei Schäßburg in einem südlichen Tal des Großkokler Höhenzugs

257 | Neudorf bei Schäßburg. Turmlose Saalkirche aus dem 14. Jh., im Südwesten der Glockenturm, errichtet 1828 – 1832

258 | Neustadt bei Agnetheln am oberen Harbach

259 | Neustadt bei Agnetheln. An den Glockenturm aus dem 14. Jh. wurde 1856 – 1858 eine Saalkirche angebaut

260 | Neustadt bei Kronstadt am Weidenbach im Burzenland

261 | Neustadt bei Kronstadt. Kirchenburg: klassizistische Hallenkirche zwischen 1839 – 1841 an den Westturm des Vorgängerbaus angebaut; ovaler Bering mit acht Wehrtürmen

262 | Niedereidisch am Mieresch im Reener Ländchen

263 | Niedereidisch. Saalkirche mit Glockenturm über dem westlichen Langhaus, erbaut 1870 – 1875

264 | Niederneudorf in der Fisesch-Heide im westlichen Nösnerland

265 | Niederneudorf. Turmlose gotische Saalkirche aus dem 15. Jh. mit davor stehendem hölzernen Glockenstuhl

266 | Nimesch im einem Tal des Großkokler Höhenzugs

267 | Nimesch. Kirchenburg: turmlose Saalkirche aus dem 14. Jh.; einfacher Bering mit massivem Wehrturm im Südwesten, Glockenturm 1869

268 | Nußbach am westlichen Ufer des Alts im Burzenland

269 | Nußbach. Kirchenburg: im 18. Jh. umgebaute gotische Saalkirche mit westseitigem Glockenturm; Ringmauer zum Teil erhalten

270 | Obereidisch am Mieresch im Reener Ländchen

271 | Obereidisch. Turmlose Saalkirche aus dem 15. Jh., freistehender Glockenturm von 1842; nördlich davon die orthodoxe Kirche

272 | Oberneudorf an einem Zufluß des Budakbachs im Nösnerland

273 | Oberneudorf. Saalkirche von 1854 – 1861 mit westlichem Glockenturm, an die orthodoxe Gemeinde übereignet

274 | Paßbusch am Fuße der Schogener Berge im Nösnerland

275 | Paßbusch. Spätgotische Saalkirche aus dem 15. Jh. mit neuromanischem Glockenturm von 1923

276 | Peschendorf in einem südlichen Seitental der Großen Kokel

277 | Peschendorf. Neugotische Saalkirche vom Anfang des 20. Jh. mit Glockenturm im Südwesten, gebaut mit Hilfe des Gustav-Adolf-Vereins

278 | Petersberg am nördlichen Rande der Burzenländer Ebene

279 | Petersberg. Kirchenburg: Saalkirche von 1797, mit westseitigem Glockenturm 1820, dreifache Umfassungsmauern mit Vorratskammern und Kapelle mit gotischen Wandgemälden

280 | Petersdorf bei Bistritz im Budaktal des Nösnerlandes

281 | Petersdorf bei Bistritz. Gotische Saalkirche; vom Vorgängerbau romanisches Portal erhalten, freistehender Glockenturm. An die orthodoxe Gemeinde übereignet

282 | Petersdorf bei Marktschelken an einem westlichen Zufluß des Weißbachs

283 | Petersdorf bei Mühlbach im Unterwald

284 | Petersdorf bei Mühlbach. Klassizistische Saalkirche von 1805 mit Westturm

285 | Pintak an den südlichen Ausläufern der Nassoder Berge im Nösnerland

286 | Pintak. Gotische Saalkirche aus dem 15. Jh., mit Westturm von 1824 – 1826. An die orthodoxe Gemeinde übereignet

287 | Pretai am südlichen Ufer der Großen Kokel

288 | Pretai. Die frühere dreischiffige Basilika wurde zur Saalkirche mit Westturm und Wehrgeschoß über dem Chor umgebaut; einfacher Bering mit Torturm

289 | Probstdorf in einem nördlichen Seitental des oberen Harbachs

290 | Probstdorf. Saalkirche mit Wehrgeschoß über Schiff und Chor sowie massivem Westturm; im Nordosten freistehender Wehrturm; doppelter Bering mit Türmen

291 | Pruden in einem Tal des Innerkokler Höhenzugs

292 | Pruden. Neuromanische und neugotische Saalkirche von 1904 –1906 mit Glockenturm im Südwesten

293 | Puschendorf an einem nördlichen Zufluß der Großen Kokel

294 | Puschendorf. Saalkirche von 1926 – 1927 mit Westturm

295 | Radeln in dem Homoroder Piedmont des Repser Landes

296 | Rätsch am südlichen Rand der Großpolder Senke

297 | Rätsch. Die vormals romanische Basilika wurde im 15. Jh. umgebaut; dabei kamen ein Wehrgeschoß über Chor und Schiff und der Westturm hinzu

298 | Rauthal in einem südlichen Seitental der Großen Kokel

299 | Rauthal. Gotische Saalkirche aus dem 15. Jh.; im Osten der Glockenturm von 1792, möglicherweise einem älteren Wehrturm aufgepfropft

300 | Reichesdorf in einem südlichen Seitental des Großkokler Höhenzugs

301 | Reichesdorf. Turmlose gotische Basilika mit Nebenchören aus dem 14. Jh.; Glockenturm war vormals der Torturm des Berings

302 | Reps. Hauptort des gleichnamigen Gebietes

303 | Reps. Gotische Saalkirche ohne Westturm aus dem 15. Jh.; Glockenturm mit barocken Elementen auf der Südseite

304 | Retersdorf am oberen Harbach

305 | Retersdorf. Saalkirche mit Westturm und Sakristei an der Ostseite des Chores. An die orthodoxe Gemeinde übereignet

306 | Reußdorf in einem südlichen Seitental der Kleinen Kokel

307 | Reußdorf. Gotische Saalkirche aus dem 15. Jh., mit westlichem Glockenturm von 1804

308 | Reußen an einem südlichen Zufluß des Weißbachs

309 | Reußen. Saalkirche aus der Mitte des 17. Jh. Schiefer Glockenturm, 1749 neben dem Torturm der Ringmauer errichtet

310 | Reußmarkt am Zekesch in der Großpolder Senke

311 | Rode in einem südlichen Seitental der Kleinen Kokel

312 | Rohrbach in der nördlichen Fogarascher Senke

313 | Rohrbach. Basilikales Langhaus aus dem 13. Jh. mit Westturm; abgetragene Seitenschiffe, umgebaut im 15. Jh.

314 | Rosch im oberen Kaltbachtal

315 | Roseln in einem nördlichen Seitental des oberen Harbachs

316 | Roseln. Vormals romanische Basilika mit massivem Westturm, Seitenschiffe im 15. Jh. abgebrochen, Wehrgeschoß über dem Chor

317 | Rosenau am Weidenbach in der Nähe des Törzburger Passes

318 | Rosenau. Frühgotische Pfeilerbasilika mit Westturm, der im 18. Jh. aufgestockt wurde

319 | Rothbach am Altfluß im nördlichen Burzenland

320 | Rothbach. Kirchenburg: die romanische Pfeilerbasilika mit Westturm erhielt ihre Form Mitte des 18. Jh.; Wehranlagen aus dem 15. Jh.

321 | Rothberg in einem nordwestlichen Seitental des unteren Harbachs

322 | Rothberg. Dreischiffige romanische Basilika, 13. Jh., befestigt mit Bering und Wehrturm, dem heutigen Glockenturm

323 | Rumes südöstlich von Broos an einem Zufluß des Mieresch

324 | Rumes. Vormals romanische Basilika wurde um 1500 zur Saalkirche umgebaut; Glockenturm von 1816 – 1819

325 | Sächsisch-Reen am Oberlauf des Mieresch. Hauptort des Reener Ländchens

326 | Sankt Georgen am Lechnitzer Bach im Nösnerland

327 | Sankt Georgen. Spätgotische Saalkirche, barock umgebaut, mit dem ehemaligen Wehrturm der ovalen Ringmauer als Glockenturm

328 | Schaal an einem östlichen Zufluß des Weißbachs

329 | Schaal. Kirchenburg: Saalkirche aus dem 15. Jh., die im 19. Jh. den barocken Westgiebel erhält, polygonale Wehrmauer mit Türmen und Basteien

330 | Schaas an einem südlichen Zufluß der Großen Kokel

331 | Schaas. Kirchenburg: barocke Saalkirche von 1820 – 1832, mit Westturm; Ringmauer mit Wehrtürmen und Vorratsspeichern

332 | Scharosch bei Fogarasch in der nördlichen Fogarascher Senke

333 | Scharosch bei Fogarasch. Wehrkirche: Saalkirche mit Westturm und Wehrgeschoß über Langhaus und Chor, befestigt im 16. Jh.

334 | Scharosch bei Mediasch auf einer südlichen Terrasse der Großen Kokel

335 | Schäßburg an der Großen Kokel. Burg der Oberstadt

336 | Schäßburg. Die sogenannte Bergkirche, eine spätgotische Hallenkirche mit Wandgemälden aus dem 15. Jh.

337 | Schellenberg am südöstlichen Rand der Zibinssenke

338 | Schellenberg. Romanische Basilika aus dem 13. Jh., mit Umbauten des 15. Jh., am Westende der Glockenturm von 1804

339 | Schirkanyen im Osten der Fogarascher Senke

340 | Schirkanyen. Neugotische Saalkirche von 1868 – 1874; das Pfarrhaus ist an den freistehenden Glockenturm angebaut

341 | Schlatt in einem Tal des Harbach-Hochlands

342 | Schlatt. Turmlose gotische Saalkirche aus dem 15. Jh.; östlich des Chores der Glockenturm

343 | Schmiegen in einem nördlichen Seitental der Großen Kokel

344 | Schmiegen. Turmlose Saalkirche aus dem 15. Jh.

345 | Scholten in einem südlichen Seitental der Großen Kokel

346 | Scholten. Kirchenburg mit gotischer Saalkirche aus dem 15. Jh.; ovale Umfassungsmauer ist eingestürzt

347 | Schönau an der Kleinen Kokel

348 | Schönau. Kirchenburg mit turmloser Saalkirche, die Mitte des 19. Jh. klassizistisch umgebaut wurde, Glockenturm von 1826; polygonale Ringmauer

349 | Schönberg. Kirchenburg: dreischiffige Basilika mit Wehrturm über dem Chorquadrat, rechteckiger Bering mit fünf Wehrtürmen

350 | Schönbirk in einem Tal der Bistritzer Berge

351 | Schönbirk. Saalkirche mit Westturm, erbaut Ende des 18. Jh., heute an die orthodoxe Gemeinde übereignet

352 | Schorsten in einem südlichen Seitental der Großen Kokel

353 | Schorsten. Saalkirche von 1880 – 1881 mit Westturm, gebaut mit Unterstützung des Gustav-Adolf-Vereins

354 | Schweischer im Repser Land

355 | Schweischer. Kirchenburg mit turmloser Saalkirche aus dem 15. Jh., Glockenturm von 1862 und teilweise doppelter, ovaler Ringmauer

356 | Seiburg im Repser Land

357 | Seiburg. Neugotische Hallenkirche von 1898 – 1883 mit Glockenturm, gebaut mit Unterstützung des Gustav-Adolf-Vereins

358 | Seiden am südlichen Ufer der Kleinen Kokel

359 | Seiden. Kirchenburg mit gotischer Saalkirche aus dem 15. Jh., umgebaut im 18. Jh., mit Glockenturm im Burghof und polygonalem Bering

360 | Seligstadt an einem südlichen Zufluß des Harbachs

361 | Seligstadt. Kirchenburg: turmlose gotische Saalkirche mit dreigeschossigem Wehrgeschoß über dem Chor, Bastei mit Walmdach

362 | Senndorf. Kirchenburg: Ruine der turmlosen gotischen Saalkirche mit spätgotischer Bauplastik und Wandgemälden; ovale Ringmauer mit Glockenturm – benutzt von der orthodoxen Gemeinde

363 | Senndorf südlich von Bistritz im Budaktal

364 | Stein im Repser Land

365 | Stein. Kirchenburg mit dreischiffiger Pfeilerbasilika, die im 15. Jh. mit einem Wehrgeschoß über dem Chor befestigt

wurde, Glockenturm von 1852 und quadratischem Bering mit Ecktürmen

366 | Stolzenburg im nördlichen Altland

367 | Stolzenburg. Dorfkirche: turmlose gotische Saalkirche aus dem 14. Jh., davor das neugotische Pfarrhaus

368 | Streitfort im Homoroder Piedmont

369 | Streitfort. Kirchenburg: vormals romanische Basilika, im 15. Jh. zur Saalkirche umgebaut; Glockenturm von der Mitte 19. Jh.; viereckiger Bering mit Ecktürmen

370 | Talmesch am Zusammenfluß des Zoodtbachs mit dem Zibin

371 | Talmesch. Gotische Hallenkirche mit Westturm, umgebaut im 18. Jh.

372 | Tarteln im Krautwinkel

373 | Tarteln. Dreischiffige romanische Basilika mit Westturm aus dem 13. Jh.; Überreste der ovalen Ringmauer

374 | Tartlau. Der östlichste Ort des deutschen Siedlungsgebietes in Siebenbürgen

375 | Taterloch an einem südlichen Zufluß der Kleinen Kokel

376 | Taterloch. Turmlose gotische Saalkirche aus dem 15. Jh., davor hölzerner Glockenturm

377 | Tatsch an einem Zufluß des Dürrbachs

378 | Tatsch. Verfallene Saalkirche mit Westturm, vormals eine gotische Saalkirche; das Langhaus wurde 1923 – 1930 neu gebaut

379 | Tekendorf im südlichen Nösnerland

380 | Thalheim an einem nordwestlichen Zufluß des unteren Harbachs

381 | Tobsdorf in einem südlichen Seitental der Großen Kokel

382 | Tobsdorf. Kirchenburg: die turmlose gotische Saalkirche trägt ein gemauertes Wehrgeschoß; vorgesetzter Westturm; polygonale Ringmauer

383 | Törnen im Zekesch-Hochland

384 | Törnen. Turmlose Saalkirche vom Anfang des 16. Jh.; hölzerner Glockenstuhl auf der Nordseite

385 | Trappold am Schaaser Bach, einem südlichen Zufluß der Großen Kokel

386 | Trappold. Kirchenburg: eine Saalkirche, im 16. Jh. zur dreischiffigen Hallenkirche umgebaut wurde; doppelter Bering mit Türmen und Basteien

387 | Treppen in den Bistritzer Bergen

388 | Treppen. Kirchenburg: turmlose spätgotische Saalkirche mit wertvoller gotischer Bauplastik; im Norden der Glockenturm, einst der Wehrturm der polygonalen Ringmauer

389 | Tschippendorf. Das nördlichste Dorf des Nösnerlandes

390 | Tschippendorf. Gotische Saalkirche mit Glockenturm, umgebaut Ende des 19. Jh.; an die orthodoxe Gemeinde übereignet

391 | Ungersdorf im Schogener Tal

392 | Ungersdorf. Turmlose Saalkirche, im 15. Jh. umgebaut; hölzernes Türmchen über dem Langhaus

393 | Urwegen im Unterwald

394 | Urwegen. Dorfkirche: turmlose Saalkirche vom Beginn des 16. Jh.; ein Anbau von 1784 an der Nordseite des Saales

395 | Waldhütten in einem südlichen Seitental der Großen Kokel

396 | Waldhütten. Kirchenburg: turmlose gotische Saalkirche aus dem 14. Jh., polygonale Ringmauer mit massivem Glockenturm im Osten

397 | Wallendorf an der Bistritz

398 | Wallendorf. Gotische Saalkirche mit Westturm aus dem 15. Jh. Umbauten aus dem 19. Jh. bestimmen ihr heutiges Aussehen

399 | Waltersdorf am Budakbach

400 | Waltersdorf. Gotische Saalkirche, umgebaut im 18. Jh.; Glockenturm von 1879

401 | Wassid an einem südlichen Zufluß des Kaltbachs

402 | Weidenbach im westlichen Burzenland

403 | Weilau am nordöstlichen Rande der Siebenbürgischen Heide

404 | Weilau. Turmlose spätbarocke Saalkirche aus dem 18. Jh.

405 | Weingartskirchen im Zekesch-Hochland

406 | Weingartskirchen. Turmlose spätgotische Saalkirche aus dem 15. Jh. mit gotischer Bauplastik

407 | Weißkirch bei Bistritz an einem östlichen Zufluß des Dürrbachs

408 | Weißkirch bei Bistritz. Neugotische Saalkirche von 1877 – 1878 mit Westturm, gebaut mit Unterstützung des Gustav-Adolf-Vereins

409 | Weißkirch bei Schäßburg an der Großen Kokel

410 | Weißkirch bei Schäßburg. Saalkirche mit westseitigem Glockenturm aus dem 15. Jh.; jetzt von der reformierten Gemeinde benutzt

411 | Werd an einem östlichen Zufluß des Harbachs

412 | Werd. Saalkirche mit Westturm; der Vorgängerbau war romanisch, die heutige Form geht auf mehrfache Umbauten zurück

413 | Wermesch im Lechnitzer Tal

414 | Wermesch. Spätgotische Saalkirche aus dem 15. Jh., im Osten der Glockenturm, ehedem der Wehrturm der Ringmauer

415 | Windau an einem östlichen Nebenfluß der Bistritz

416 | Wolkendorf im Burzenland am Neugraben, einem Burzenbach

417 | Wolkendorf bei Schäßburg in einem südlichen Seitental der Großen Kokel

418 | Wolkendorf bei Schäßburg. Gotische Saalkirche aus dem 15. Jh., Glockenturm aus dem 16. Jh.

419 | Wölz im Zwischenkokelgebiet

420 | Wölz. Kirchenburg: Saalkirche, Chor mit zwei Wehrgeschossen, freistehender Glockenturm auf der Südseite des ovalen Berings

421 | Wurmloch in einem Seitental der Großen Kokel

422 | Zeiden im westlichen Burzenland

423 | Zeiden. Kirchenburg: gotische Saalkirche ohne Westturm aus dem 15. Jh.; ovale Ringmauer mit Vorratskammern und Türmen, Glockenturm vormals Schmiedturm

424 | Zendersch im Zwischenkokelgebiet

425 | Zendersch. Kirchenburg: neugotische Saalkirche von 1870 –1873; Bering mit Glockenturm und einem Wehrturm aus dem 16. Jh.

426 | Zied in den Agnethler Bergen

427 | Zied. Kirchenburg: vormals romanische Basilika, wurde im 15. Jh. zu einer Hallenkirche mit Wehrturm über dem Chor umgebaut; Bering mit Torturm

428 | Zuckmantel am Nadescher Bach im Zwischenkokelgebiet

429 | Zuckmantel. Saalkirche von 1865 – 1870 mit Westturm

Verzeichnis

deutsch	rumänisch	ungarisch
Abtsdorf/Agnetheln	Apoș	Szászapátfalva
Abtsdorf/Kokel	Țapu	Csicsóholvilág
Agnetheln	Agnita	Szentágota
Almen	Alma Vii	Szászalmád
Alzen	Alțâna	Alcina
Arbegen	Agârbiciu	Szászegerbegy
Arkeden	Archita	Mezsőerked
Attelsdorf/Billak	Domnești	Bilak
Auen/Kuschma	Cușma	Kusma
Baașen	Bazna	Bázna
Baierdorf	Crainimăt	Királynémeti
Bartholomä	Bartolomeu	Obrassó
Bekokten	Bărcut	Báránykút
Bell	Buia	Bólya
Belleschdorf	Idiciu	Jövedics
Birk	Petelea	Petele
Birthälm	Biertan	Berethalom
Bistritz	Bistrița	Beszterce
Blutroth	Berghin	Berve
Bodendorf	Bunești	Szászbuda
Bogeschdorf	Băgaciu	Szászbogács
Bonnesdorf	Boian	Alsóbajom
Botsch	Batoș	Bátos
Braller	Bruiu	Brulya
Brenndorf	Bod	Botfalu
Broos	Orăștie	Szászváros
Budak	Budacu de Jos	Szászbudak
Bulkesch	Bălcaciu	Bolkács
Burgberg	Vurpăr	Borberek
Burghalle	Orheiu Bistriței	Óvárhely
Bürgisch	Bârghiș	Bürkös
Busd/Mediasch	Buzd	Szászbuzd
Busd/Mühlbach	Boz	Buzd
Denndorf	Daia	Szászdálya
Deutsch-Kreuz	Criț	Szászkeresztúr
Deutsch-Pien	Pianu de Jos	Alsópián
Deutsch-Tekes	Ticușu Vechi	Szásztyukos
Deutsch-Weißkirch	Viscri	Szászfehéregyháza
Deutsch-Zepling	Dedrad	Dedrád
Dobring	Dobârca	Doborka
Donnersmarkt	Mănărade	Monora
Draas	Drăușeni	Homoróddaróc
Dunesdorf	Daneș	Dános
Durles	Dârlos	Darlac
Dürrbach	Dipșa	Dipse
Eibesdorf	Ighișu Nou	Szászivánfalva
Eidau	Viile Tecii	Kolozsnagyida
Elisabethstadt	Dumbrăveni	Erzsébetváros
Engenthal	Mighindoala	Ingodály
Felldorf	Filitelnic	Fületelke
Felmern	Felmer	Felmér
Felsendorf	Florești	Földszin
Fogarasch	Făgăraș	Fogaras
Frauendorf	Axente Sever	Asszonyfalva
Freck	Avrig	Felek
Galt	Ungra	Ugra
Gergeschdorf	Ungurei	Gergelyfája
Gießhübel	Gusu	Kisludas
Girelsau	Bradu	Fenyőfalva
Großalisch	Seleuș	Nagyszőllős
Großau	Cristian	Kereszténysziget
Großkopisch	Copșa Mare	Nagykapus
Großlasseln	Laslea	Szászszentlászlo
Großpold	Apoldu de Sus	Nagyapold
Großprobstdorf	Târnava	Nagyekemező
Großschenk	Cincu	Nagysink
Großscheuern	Șura Mare	Nagycsűr
Großschogen	Șieu	Nagysajó
Gürteln	Gherdeal	Gerdály
Hahnbach	Hamba	Kakasfalva
Halwelagen	Hoghilag	Holdvilág
Hamlesch	Amnaș	Omlás
Hammersdorf	Gușterița	Szenterzsébet
Hamruden	Homorod	Homoród
Haschagen	Hașag	Hásság
Heidendorf	Viișoara	Besenyő
Heldsdorf	Hălchiu	Höltövény
Heltau	Cisnădie	Nagydisznód
Henndorf	Brădeni	Hégen
Hermannstadt	Sibiu	Nagyszeben

der siebenbürgisch-sächsischen Ortschaften

deutsch	rumänisch	ungarisch
Hetzeldorf	Aţel	Ecel
Hohndorf	Viişoara	Csatófalva
Holzmengen	Hozman	Holcmány
Honigberg	Hărman	Szaszhermány
Hundertbücheln	Movile	Szászhalom
Irmesch	Ormeniş	Szászörményes
Jaad	Livezile	Jád
Jakobsdorf/Agnetheln	Iacobeni	Jakabfalva
Jakobsdorf/Bistritz	Sâniacob	Szászszentjakab
Jakobsdorf/Mediasch	Giacăş	Gyákos
Johannisdorf	Sântioana	Sajószentiván
Kallesdorf	Arcalia	Árokalja
Kastenholz	Caşolţ	Hermány
Katzendorf	Caţa	Kaca
Keisd	Saschiz	Szászkézd
Kelling	Câlnic	Kelnek
Kerz	Cârţa	Kerc
Kirchberg	Chirpăr	Kürpöd
Kirtsch	Curciu	Küküllőkőrös
Kleinalisch	Seleuş	Kisszőllős
Kleinbistritz	Dorolea	Aszúbeszterce
Kleinblasendorf	Blăjel	Balázstelke
Kleinkopisch	Copşa Mică	Kiskapus
Kleinlasseln	Laslău Mic	Kisszentlászló
Kleinprobstdorf	Proştea Mică	Kisekemező
Kleinschelken	Şeica Mică	Kisselyk
Kleinschenk	Cincşor	Kissink
Kleinscheuern	Şura Mică	Kiscsűr
Klosdorf	Cloaşterf	Miklóstelke
Kreisch	Criş	Keresd
Kronstadt	Braşov	Brassó
Kyrieleis	Chirialeş	Kerlés
Langenthal	Valea Lungă	Hosszúaszó
Leblang	Lovnic	Lemnek
Lechnitz	Lechinţa	Szászlekence
Leschkirch	Nocrich	Ujegyház
Ludwigsdorf	Logig	Ludvég
Magarei	Pelişor	Magaré
Maldorf	Domald	Domáld
Malmkrog	Mălâncrav	Almakerék

deutsch	rumänisch	ungarisch
Maniersch	Măgheruş	Küküllőmagyarós
Mardisch	Moardăş	Mardos
Marienburg/Kronstadt	Feldioara	Földvár
Marienburg/Schäßburg	Hetiur	Hétur
Marktschelken	Şeica Mare	Nagyselyk
Marpod	Marpod	Márpod
Martinsberg	Şomartin	Mártonhegy
Martinsdorf	Metiş	Mártonfalva
Mediasch	Mediaş	Medgyes
Meeburg	Beia	Homoródbene
Mergeln	Merghindeal	Morgonda
Meschen	Moşna	Muzsna
Meschendorf	Meşendorf	Mese
Mettersdorf	Dumitra	Nagydemeter
Michelsberg	Cisnădioara	Kisdisznód
Michelsdorf/Marktschelken	Boarta	Mihályfalva
Michelsdorf/Kokel	Veseuş	Szásznagyvesszős
Minarken	Monariu	Malomárka
Mönchsdorf	Herina	Harina
Moritzdorf	Moruţ	Aranyosmóric
Mortesdorf	Motiş	Mártontelke
Mühlbach	Sebeş	Szászsebes
Nadesch	Nadeş	Szásznádas
Neithausen	Netuş	Netus
Neppendorf	Turnişor	Kistorony
Neudorf/Hermannstadt	Nou	Szászújfalu
Neudorf/Schäßburg	Nou Săsesc	Apaújfalu
Neustadt/Agnetheln	Noiştat	Újváros
Neustadt/Kronstadt	Cristian	Keresztényfalva
Niedereidisch	Ideciu de Jos	Alsóidecs
Niederneudorf	Corvineşti	Kékesújfalu
Nimesch	Nemşa	Nemes
Nußbach	Măieruş	Szászmagyarós
Obereidisch	Ideciu de Sus	Felsőidecs
Oberneudorf	Satu Nou	Felsőszászújfalu
Paßbusch	Posmuş	Paszmos
Peschendorf	Stejăreni	Bese
Petersberg	Sânpetru	Barcaszentpéter
Petersdorf/Bistritz	Petriş	Petres
Petersdorf/Marktschelken	Petiş	Kispéterfalva

deutsch	rumänisch	ungarisch
Petersdorf/Mühlbach	Petreşti	Péterfalva
Pintak	Slătiniţa	Pinták
Pretai	Brateiu	Baráthely
Probstdorf	Stejărişu	Prépostfalva
Pruden	Prod	Prod
Puschendorf	Păucea	Pócstelke
Radeln	Roadeş	Rádos
Rätsch	Reciu	Szebenrécse
Rauthal	Roandola	Rudály
Reichesdorf	Richiş	Riomfalva
Reps	Rupea	Kőhalom
Retersdorf	Retiş	Réten
Reußdorf	Cund	Kund
Reußen	Ruşi	Rüsz
Reußmarkt	Miercurea Sibiului	Szerdahely
Rode	Zagăr	Zágor
Rohrbach	Rodbav	Nádpatak
Rosch	Răvăşel	Rovás
Roseln	Ruja	Rozsonda
Rosenau	Râşnov	Barcarozsnyó
Rothbach	Rotbav	Szászveresmart
Rothberg	Roşia	Veresmart
Rumes	Romos	Romosz
Sächsisch-Reen	Reghin	Szászrégen
Sankt Georgen	Sângeorzu Nou	Szászszentgyörgy
Schaal	Şoala	Sálya
Schaas	Şaeş	Segesd
Scharosch/Fogarasch	Şoarş	Sáros
Scharosch/Kokel	Şaroş pe Târnave	Szászsáros
Schäßburg	Sighişoara	Segesvár
Schellenberg	Şelimbăr	Sellenberk
Schirkanyen	Şercaia	Sárkány
Schlatt	Zlagna	Szászzalatna
Schmiegen	Şmig	Somogyom
Scholten	Cenade	Szászcsanád
Schönau	Şona	Szépmező
Schönberg	Dealu Frumos	Lesses
Schönbirk	Sigmir	Szépnyír
Schorsten	Şoroştin	Sorostély
Schweischer	Fişer	Sövénység
Seiburg	Jibert	Zsiberk
Seiden	Jidvei	Zsidve
Seligstadt	Seliştat	Boldogváros
Senndorf	Jelna	Kiszsolna
Stein	Dacia	Garat
Stolzenburg	Slimnic	Szelindek
Streitfort	Mercheaşa	Mirkvásár
Talmesch	Tălmaciu	Nagytalmács
Tarteln	Toarcla	Kisprázsmár
Tartlau	Prejmer	Prázsmár
Taterloch	Tătârlaua	Felsőtatárlaka
Tatsch	Tonciu	Tacs
Tekendorf	Teaca	Teke
Thalheim	Daia	Dolmány
Tobsdorf	Dupuş	Táblás
Törnen	Păuca	Pókafalva
Trappold	Apold	Apold
Treppen	Tărpiu	Szásztörpény
Tschippendorf	Cepari	Csépán
Ungersdorf	Şieu Măgheruş	Sajómagyaros
Urwegen	Gârbova	Szászorbó
Waldhütten	Valchid	Váldhíd
Wallendorf	Unirea	Aldorf
Waltersdorf	Dumitriţa	Kisdemeter
Wassid	Veseud	Szászvessződ
Weidenbach	Ghimbav	Vidombák
Weilau	Uila	Vajola
Weingartskirchen	Vingard	Vingárd
Weißkirch/Bistritz	Albeştii Bistriţei	Kisfehéregyház
Weißkirch/Schäßburg	Albeşti	Fehéregyháza
Werd	Vărd	Vérd
Wermesch	Vermeş	Vermes
Windau	Ghinda	Vinda
Wolkendorf/Kronstadt	Vulcan	Szászvolkány
Wolkendorf/Schäßburg	Vulcan	Volkány
Wölz	Velţ	Völc
Wurmloch	Valea Viilor	Nagybaromlak
Zeiden	Codlea	Feketehalom
Zendersch	Senereuş	Szénaverős
Zied	Veseud	Vessződ
Zuckmantel	Ţigmandru	Cikmántor

Nachweise

Die Autoren

GEORG GERSTER

geboren 1928, gilt weltweit als Nummer Eins unter den Flugbildphotographen. Seit mehr als dreißig Jahren photographiert Gerster - von Haus aus promovierter Germanist und Anglist - über allen Erdteilen. Er kam aus purer Verzweiflung zur Adlerschau: weil er auf dem Boden einfach nicht genug sehen konnte. Abstand schafft Übersicht und Übersicht erleichtert Einsicht... Mit dieser Motivation entwickelte Gerster das Flugbild zu einem fast philosophischen Werkzeug, zu einem Instrument der Besinnung. Unter den zwei Dutzend Büchern, die er veröffentlichte, wurde "Der Mensch auf seiner Erde. Eine Befragung in Flugbildern" (seit 1975 in vielen Auflagen verbreitet) zum Hausbuch und Klassiker seines Genre. Gerster lebt bei Zürich in der Schweiz.

MARTIN RILL

Historiker, geboren 1951 in Siebenbürgen, koordinierte 1991 - 1995 das Projekt "Dokumentation siebenbürgisch-sächsischer Kulturgüter", eine von der Bundesregierung Deutschland geförderte Erfassung des siebenbürgisch-sächsischen Kulturgutes in Rumänien. Der erste Band dieser flächendeckenden Bestandsaufnahme "Denkmaltopographie Siebenbürgen" Bd. 3. 3. Kreis Kronstadt ist 1995 im Verlag Wort und Welt deutsch und rumänisch erschienen; sie macht der Öffentlichkeit denkmalwertes Kulturgut in den vormals deutschen Siedlungsgebieten zugänglich. Rill lebt bei Heilbronn in Deutschland.

Die Aufnahmen

Die 528 Flugbilder in diesem Buch entstanden nahezu alle in den Jahren 1994 und 1995 im Rahmen der flächendeckenden Erfassung des siebenbürgisch-sächsischen Kulturguts; die wenigen Ausnahmen - die Bilder 2, 44, 68 und 74 im Hauptteil sowie die Bilder 180, 194, 335 und 386 im Lexikon-Teil - stammen von den Flügen im Jahr 1991. Als Fluggerät stand in allen Fällen ein in Kronstadt/Braşov montierter "Alouette"-Hubschrauber der Aérospatiale zur Verfügung. Für die Aufnahmen wurden ausschließlich Nikon-Kleinbildkameras und Kodachrome-Filme benützt. Im Nachsatz die Aufnahme des amerikanischen Satellitten Landsat 5 von Teilen der Südkarpaten und dem Siebenbürgischen Becken, bezogen über EOSAT in den USA.

Wir danken

Nach einem langwierigen Genehmigungsverfahren erlaubten die rumänischen Behörden die Flugaufnahmen aller 241 Ortschaften des vormaligen deutschen Siedlungsgebietes in Siebenbürgen, Rumänien. Bei dieser Arbeit genossen wir die Unterstützung einer Vielzahl von Behörden und Personen, denen wir Dank schuldig wurden. In unseren Dank einbeziehen möchten wir vor allem auch das rumänische Verteidigungsministerium, dessen Verständnis und Entgegenkommen überhaupt erst diese lückenlose Luftbilddokumentation ermöglichten, sowie die Romanian Airlines in Bukarest, deren Piloten, die Flugsicherung und die Flugwetterwarte. Unser Dank gilt ferner dem Innenministerium der Bundesrepublik Deutschland, das die Mittel für die Flüge bereitstellte und dem Siebenbürgisch-Sächsischen Kulturrat in Gundelsheim als dem Träger des Gesamtprojektes.

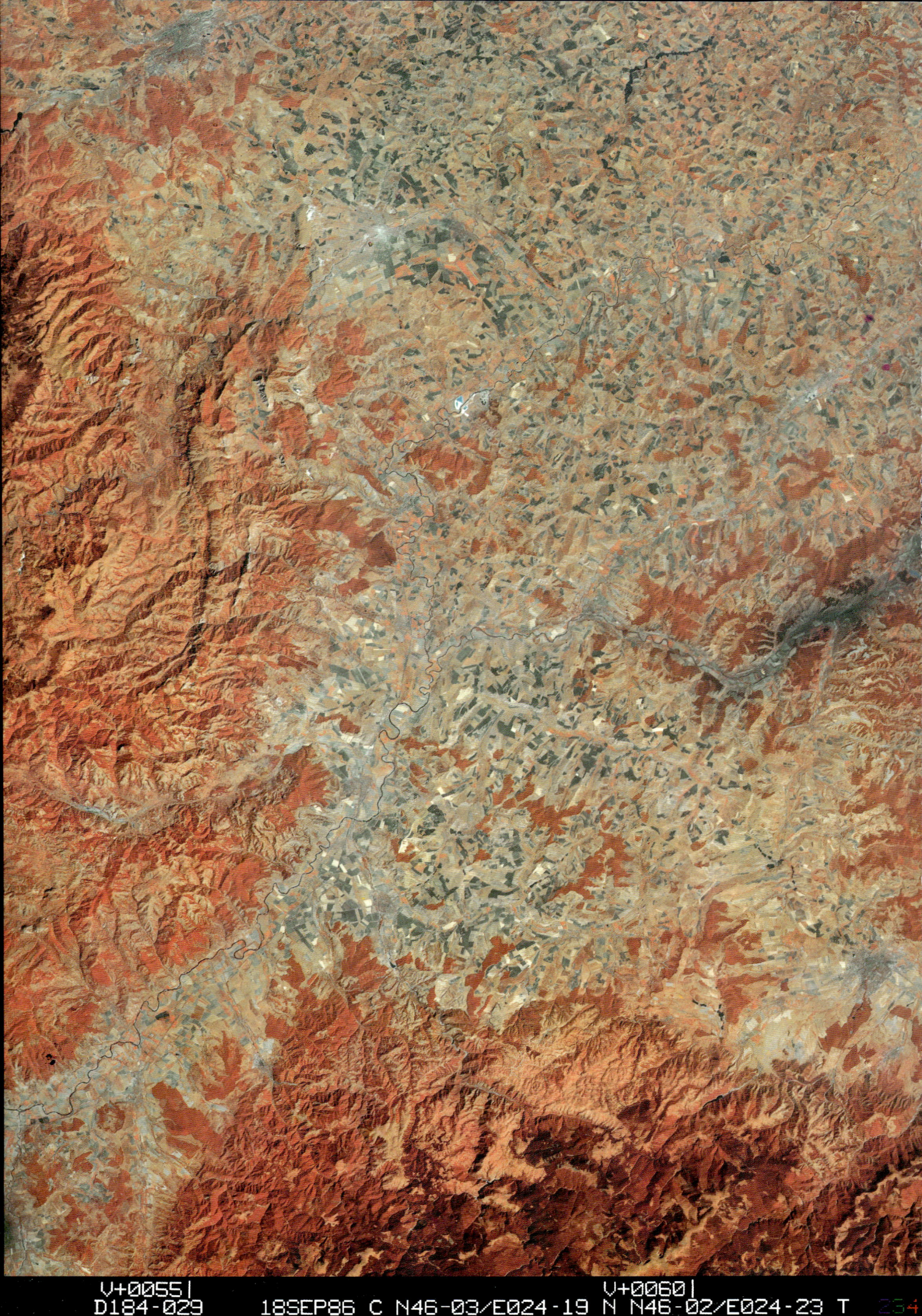

V+0055| V+0060|
D184-029 18SEP86 C N46-03/E024-19 N N46-02/E024-23 T